Des choses à vous dire

Édition : Murielle Villeneuve
Design graphique : Christine Hébert
Infographie : Johanne Lemay
Correction : Sylvie Massariol

Toutes les images sont de Shutterstock
à l'exception de celle-ci :
p. 188 : IstockPhoto

Données de catalogage disponibles auprès
de Bibliothèque et Archives nationales du Québec

Suivez-nous sur le Web
Consultez nos sites Internet et inscrivez-vous à l'infolettre pour rester informé en tout temps de nos publications et de nos concours en ligne. Et croisez aussi vos auteurs préférés et notre équipe sur nos blogues !

EDITIONS-HOMME.COM
EDITIONS-JOUR.COM
EDITIONS-PETITHOMME.COM
EDITIONS-LAGRIFFE.COM

DISTRIBUTEURS EXCLUSIFS :

Pour le Canada et les États-Unis :
MESSAGERIES ADP inc.*
2315, rue de la Province
Longueuil, Québec J4G 1G4
Téléphone : 450-640-1237
Télécopieur : 450-674-6237
Internet : www.messageries-adp.com
* filiale du Groupe Sogides inc.,
filiale de Québecor Média inc.
Pour la France et les autres pays :
INTERFORUM editis
Immeuble Paryseine, 3, allée de la Seine
94854 Ivry CEDEX
Téléphone : 33 (0) 1 49 59 11 56/91
Télécopieur : 33 (0) 1 49 59 11 33
Service commandes France Métropolitaine
Téléphone : 33 (0) 2 38 32 71 00
Télécopieur : 33 (0) 2 38 32 71 28
Internet : www.interforum.fr
Service commandes Export – DOM-TOM
Télécopieur : 33 (0) 2 38 32 78 86
Internet : www.interforum.fr
Courriel : cdes-export@interforum.fr
Pour la Suisse :
INTERFORUM editis SUISSE
Route André Piller 33A, 1762 Givisiez – Suisse
Téléphone : 41 (0) 26 460 80 60
Télécopieur : 41 (0) 26 460 80 68
Internet : www.interforumsuisse.ch
Courriel : office@interforumsuisse.ch
Distributeur : OLF S.A.
ZI. 3, Corminboeuf
Route André Piller 33A, 1762 Givisiez – Suisse
Commandes :
Téléphone : 41 (0) 26 467 53 33
Télécopieur : 41 (0) 26 467 54 66
Internet : www.olf.ch
Courriel : information@olf.ch
Pour la Belgique et le Luxembourg :
INTERFORUM BENELUX S.A.
Fond Jean-Pâques, 6
B-1348 Louvain-La-Neuve
Téléphone : 32 (0) 10 42 03 20
Télécopieur : 32 (0) 10 41 20 24
Internet : www.interforum.be
Courriel : info@interforum.be

01-16

Imprimé au Canada

Dépôt légal : 2016
Bibliothèque et Archives nationales du Québec

ISBN 978-2-7619-4534-9

Gouvernement du Québec – Programme de crédit d'impôt pour l'édition de livres – Gestion SODEC – www.sodec.gouv.qc.ca

L'Éditeur bénéficie du soutien de la Société de développement des entreprises culturelles du Québec pour son programme d'édition.

Conseil des Arts du Canada   Canada Council for the Arts

Nous remercions le Conseil des Arts du Canada de l'aide accordée à notre programme de publication.

Nous reconnaissons l'aide financière du gouvernement du Canada par l'entremise du Fonds du livre du Canada pour nos activités d'édition.

JACQUES SALOMÉ

Des choses à vous dire

LES ÉDITIONS DE L'HOMME

Une société de Québecor Média

Vous dire autrement

et plus encore

combien une communication en partage

agrandit la vivance de nos relations.

Jacques Salomé

MOT DE L'ÉDITEUR

> *« Tout élément de vie est communication, y compris les silences, les respirations, les mouvements corporels les plus infimes. Les flux d'informations, volontaires ou involontaires, maîtrisés ou non, donnent son sens à la communication sociale, qui peut être comparée à un orchestre, sans chef ni partition.*
>
> *Dans un orchestre, Jacques Salomé aurait davantage la discrétion d'un soliste que l'ambition d'un chef d'orchestre. [...] Dans notre société complexe et polluée, il a tenté, tout au long de sa vie, de proposer des chemins vivifiants. »*

Béatrice Bonfils, Laurent Saadoun et Anthony Pouilly,
Jacques Salomé et la méthode ESPERE – Vivre le mieux-être,
De Boeck, 2008, p. 40.

« Des chemins vivifiants... » Cet ouvrage vous propose quelques-uns de ces chemins, tracés au moyen de thèmes chers à Jacques Salomé. En ressort une pensée vouée à l'édification de relations vécues en réciprocité, respectueuses des ressources et des limites de soi et des autres, exemptes de violence. Une « écologie relationnelle », selon ses termes.

Aux jonctions de ces chemins, des récits qui trouvent leur source dans diverses expériences : un événement tragique vécu par une lectrice, un souvenir d'enfance frappant, une anecdote cocasse racontée par un ami, un moment de vie lumineux vécu par l'auteur lui-même. Autant d'occasions de voir sa pensée appliquée à des cas concrets.

Dans l'espoir de favoriser un monde meilleur, l'un des grands souhaits de Jacques Salomé est que la communication relationnelle soit enseignée dans les écoles. Puisse ce florilège de citations et de récits contribuer à la propagation de cette inspirante éthique de la communication.

L'Éditeur

PRÉFACE

Cet ouvrage si dense est animé par la richesse du vécu, par l'état d'esprit fondamental de celui qui a inspiré des milliers de personnes dans l'univers infini des relations humaines. Il se voudrait une invitation ouverte à découvrir un chemin essentiel, porteur d'une expérience de vie d'une très grande force, celle de Jacques Salomé.

C'est un honneur pour moi de préfacer ce livre imprégné des approches initiées et transmises par lui-même durant des années.

Il m'a confié ce cadeau inouï d'être son passeur de mots...

J'ouvre ainsi la porte d'un immense jardin irrigué par des récits de vie qu'il souhaite vous faire connaître par « Des choses à vous dire... »

Avec la lumière de son âme, ce livre diffuse ses enseignements précieux comme une source de vie, un espoir de mieux-être.

Il arrose d'une eau vivifiante la graine du savoir relationnel semée par le « jardinier de relations humaines ». Il éveille notre curiosité pour aller vers une communication plus saine, plus responsable, et ainsi plus relationnelle. Il explore les ressources inépuisables cachées au plus profond de chacun d'entre nous. Il accompagne dans l'audacieuse aventure du changement par le regard nouveau posé sur soi et sur le monde.

Ce livre est un recueil de « mots pour éviter les maux ».

Abondante source de savoirs, l'ouvrage a pris naissance à la manière d'un dictionnaire permettant de mieux nous retrouver dans nos questionnements.

Un soutien pour mieux nous positionner face à nos problématiques.

Un témoignage inestimable de courage et d'aimance – par sa parole juste, sa présence bienveillante et son écoute centrée sur l'être.

Reflet d'un parcours de vie qui met en confiance, qui stimule à la réflexion, ces pages nous conduisent vers les possibles magiques d'un devenir de soi, vers la responsabilisation d'être auteur de notre propre existence.

La volonté de proposer une pédagogie visant « l'apprentissage d'une communication sans violence pour des relations plus vivantes » transparaît tout au long du livre. En lien avec l'espoir le plus cher à Jacques Salomé - qu'un jour l'école puisse devenir un lieu d'initiation à la communication, une « oasis relationnelle » favorisant l'apprentissage de quelques « règles d'hygiène relationnelle non violentes ».

Que ce livre puisse consolider la marche vers la réalisation de son rêve.

Valeria Salomé

ABANDON

Je balbutie mes abandons

Avec toi, j'ai découvert l'abandon,
j'ai entendu l'abandon-liberté
venu du plus profond de mon être.
J'ai appris l'abandon-amour,
dont les sources et l'abondance me remplissent.
Avec toi encore, j'ai reçu l'abandon-paix
qui unifie mon corps, mon cœur et ma tête.
Je me suis ouvert à l'abandon-jouissance
qui sacralise mon ventre.
Je recentre mes pensées,
chante mes sentiments,
et surtout amplifie chaque parcelle de mes relations
et me relie ainsi à l'entier de l'univers.
Avec toi, j'ai ouvert l'abandon-espace,
et rejoint l'ultime de l'horizon.
Avec toi toujours, l'abandon-infini
pour reculer plus loin mes limites.
Et au-delà encore, toujours avec toi,
plus loin que le ciel
je suis devenu amour.
Dans cette liberté d'être, j'ai approché
et retrouvé le divin en moi.
Oui tout est là,
en moi lorsque j'abandonne mes luttes stériles,
mes quêtes vaines, mes recherches perdues,
et que j'ose le présent.
Avec toi proche.
Dans l'abandon-écoute de toi, au plus près,
émerveillé, cette amplitude inouïe, ce soleil révélé,
Toi.

L'abandon au plaisir

«Ce sont les corps dans leur abandon et leur désirance, non les mots, qui disent la véritable promesse de l'amour.»

«Il nous est possible d'aimer quand nous abandonnons nos défenses, quand nous renonçons à la méfiance, quand nous ne nous enfermons pas dans la possessivité.»

«L'abandon, le non-contrôle, que suppose l'accès au plaisir, semblent être difficiles à atteindre pour les hommes. Le lâcher-prise, la confiance, l'écoute de l'autre qui en sont les prémices nécessaires, au-delà des sentiments et du respect mutuel, semblent leur faire défaut ou être réduits à leur plus simple expression chez plusieurs d'entre eux.»

«Au cœur d'une rencontre intime, il est des gestes sublimes inventés dans l'instant, des gestes splendides offerts et reçus dans l'abandon et la confiance, des gestes d'une qualité rare qui semblent soudain emplir tout l'espace d'un échange, donner une beauté éblouissante à chacun des partenaires, une lumière particulière à leur accord, une profondeur unique à la durée de l'éphémère.»

Le sentiment d'abandon

«La peur d'être abandonné est inscrite depuis très longtemps chez la plupart d'entre nous. Elle est à la base de notre besoin de sécurité. Cette peur, qui s'inscrit profondément dans les premiers temps de la vie, peut se réveiller dans les débuts de la rencontre amoureuse. Elle nous pousse à interroger l'autre sur son passé en un cycle de questions-réponses qui, au lieu de rassurer, va engendrer des pensées toxiques qui se transformeront automatiquement en de nouvelles questions qui ne mèneront jamais à des réponses satisfaisantes: "As-tu eu d'autres amours avant moi?"; "As-tu rencontré quelqu'un qui t'a rendu heureux?"; "As-tu eu plus de plaisir avec quelqu'un d'autre qu'avec moi?"»

« Les blessures liées à l'abandon ou à la perte d'un être aimé sont cruelles, car, dans un premier temps, elles semblent se régénérer en permanence à son seul souvenir, à la moindre évocation de sa personne ou du vécu partagé. Ces blessures s'autoalimentent, s'amplifient jusqu'à envahir tout l'espace d'une pensée, qui s'attache à relever des signes, des preuves, des jalons pour tenter de recomposer le passé, pour mieux cerner ce qui aurait dû se passer, ne pas se passer, se dire ou ne pas se dire. »

« Quand la personne a pu se réconcilier avec elle-même, dépasser la blessure narcissique laissée par un sentiment d'abandon ou de trahison, elle peut commencer à apprendre à cohabiter avec elle-même et trouver de l'agrément à vivre en sa propre compagnie à temps plein, tel un partenaire dynamique pour l'homme ou la femme qu'il est devenu ou qu'elle est devenue. »

« Si j'ai peur d'être abandonné, je ne vais pas pouvoir m'abandonner à ce qui me vient de l'autre... »

ADOLESCENCE

adolescence

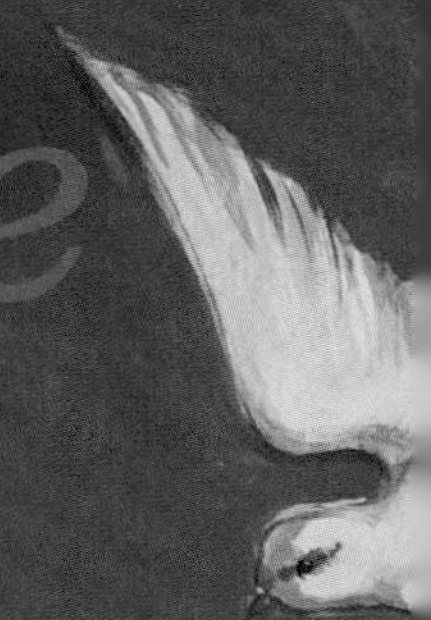

« L'adolescence est un âge d'incertitudes et de lucidités terribles au regard duquel nous, les adultes, saisissons les teintes de leurres et de désastre colorant les bribes de liberté de notre monde. »

« **Un couple qui a un enfant** est invité implicitement à changer de système relationnel, à chacune des étapes importantes de sa vie : naissance, crise de trois ans, entrée à l'école et surtout adolescence.

À l'adolescence, par exemple, si l'un des deux change d'attitude (en se fermant ou en étant plus à l'écoute de l'enfant), le "risque" sera le conflit ouvert et l'éclatement possible ou l'ouverture à de nouvelles relations.

Si aucun des deux ne se modifie, c'est l'adolescent qui se mutile, s'éjecte ou se révolte.

Le "ferment adolescent" est la grande remise en cause des systèmes de valeurs installés, quels qu'ils soient.

C'est à la fois passionnant et périlleux.

Si les parents, à ce moment, peuvent percevoir que leur conflit est un reflet du conflit intérieur de l'adolescent, qui est partagé entre son besoin d'indépendance et son besoin de ses parents (amour, fermeté, autorité), ils pourront le vivre sans l'aspect dramatique, définitif ou tragique dans lequel ils s'enferment parfois.

Les parents d'adolescents se mettent fréquemment en conflit sur les systèmes éducatifs qu'ils préconisent, variant du besoin de contrôle au désir d'accepter l'expérience vécue par les jeunes. »

« Pour les adolescents, il devient de plus en plus rare de pouvoir s'identifier aux valeurs incarnées par les adultes de leur entourage : elles leur paraissent peu fiables et sans cohérence, surtout lorsqu'ils comparent les paroles et les actions de ces adultes. Comment transmettre des valeurs aussi essentielles et vitales que la tolérance, le respect de la vie et de la nature, la compassion, la solidarité, le prix de la parole donnée, la recherche de la vérité quand dans le monde qui nous entoure ces valeurs ne sont pas respectées, voire sont bafouées ? »

« Ceux qui me suivent dans mes ouvrages savent combien j'invite les adultes et les parents à prendre plus clairement position, avec davantage de rigueur et en mettant des limites, pour ne pas combler tous les désirs de leurs enfants et risquer de transformer ces derniers en consommateurs avides, voire en éternels frustrés et en revendicateurs agressifs quand la réalité ne répond pas à leurs attentes. C'est à mon avis une des origines de la violence et de l'autoviolence actuelle qui sévissent chez les jeunes : cette difficulté à vivre paisiblement la rencontre avec les contraintes qu'impose la réalité. Au lieu de cela, les jeunes vivent la rencontre comme une agression à laquelle ils répondent par de la violence. Avec les enfants, comme avec soi-même, mieux différencier besoin et désir requiert une vigilance et une cohérence sans faille au quotidien. »

LES TAGGEURS : DES PETIT POUCET MODERNES ?

Depuis deux décennies, ils fleurissent partout : en ville, à la campagne, dans les cités, dans les villages. Ils désolent les uns, ravissent les autres. Ils courent le long des autoroutes, s'élèvent parfois très haut sur les façades aveugles des immeubles, au gré des toits amicaux à même d'accueillir ces équilibristes, ces forcenés de la bombe à peinture que sont les taggeurs.

Les tags sont semblables à des cris qui disent l'impatience, la révolte, le défi, l'affirmation d'un territoire, la confirmation d'un exploit. Mais un tag, c'est aussi une manifestation cruelle qui saccage l'harmonie assoupie de vieilles pierres, qui défigure la devanture ancienne d'un marchand d'antiquités ou la vitrine trop neuve d'un salon de coiffure, qui détruit l'équilibre d'une façade.

Avec son tag, le jeune propose sa signature, voire l'impose quand le tag fait toute la longueur d'un mur, d'un pont, d'un aqueduc. Fresque moderne où chaque espace coloré exprime un besoin d'affirmation, de reconnaissance et d'anti- ou de non-conformisme. Les tags sont un art risqué (grimper le plus haut possible, dans les endroits les plus imprévus), un art coûteux (les bombes de peinture sont chères), méticuleux (il faut du soin pour organiser tout un décor, le déroulement d'une fresque...), et leurs débordements parfois intempestifs demandent une attention vigilante.

Le taggeur, pour des enjeux connus de lui seul, œuvre en solitaire. Il a tout au plus besoin d'un ou de deux assistants faisant le guet. Il laisse sa marque, impérieuse, sorte d'éjaculation à répétition dans laquelle il décharge des tensions. Il est prolifique, un peu trop répétitif, quasi inépuisable partout où il trouve un espace.

Celui-là signait PYB. Seuls les initiés et son père qui l'avaient vu s'entraîner avec des crayons de couleur pour construire et décliner, en des sortes de calligraphies compliquées, ces trois lettres labyrinthiques, savaient qu'il s'agissait de Pierre-Yves B... Les parents de Pierre-Yves étaient séparés depuis quelque temps. Pierre-Yves vivait chez sa mère, mais ne manquait aucun week-end, aucun jour de vacances, réglementairement partagés, pour aller en visite chez son père. C'est ce dernier qui remarqua, un soir, toujours sur le même côté du trottoir, le logo PYB.

Le premier tag commençait à quelques mètres de l'arrêt du bus conduisant chez la mère de Pierre-Yves, le dernier à quelques centimètres de l'immeuble de son père. Petits cailloux blancs déposés par un Petit Poucet moderne, pour maintenir un lien, indiquer une direction, protéger, peut-être, un espoir de réconciliation entre ses parents ! Un tag qui disait son désir, sa colère, son impuissance...

***

AMOUR

amour

Les pays de l'amour

Les pays de l'amour ont des territoires affectifs,
et des paysages relationnels multiples.
Ils sont parsemés de sentiers secrets,
de sources ardentes,
de collines sensuelles
et de forêts mystérieuses.
Les pays de l'amour,
véritables offrandes au partage
avec un être aimé,
sont ouverts à tous.
Il faut souvent toute une vie
pour oser les parcourir
et s'y abandonner.
Il est des pays ouverts et ensoleillés accessibles à chacun
et d'autres plus cachés, plus difficiles à atteindre.
Les pays de l'amour n'appartiennent à personne,
ils sont semblables à des terres vierges
à découvrir et non à conquérir.

Être en amour

«Être en amour, devenir aimant, c'est lâcher ses défenses, ouvrir et faire craquer l'écorce de la carapace. C'est accepter de laisser apparaître le petit garçon si inquiet ou malhabile, la petite fille si vulnérable, parfois dans cette attente d'être aimé et accueilli qui sommeille en chacun, quels que soient notre âge, notre statut social, nos fonctions actuelles.

Ce petit garçon, cette petite fille, remis à jour par l'amour reçu ou par l'amour éveillé, s'exprimera quelquefois par des outrances, des excès ou des violences dans sa demande ou son exigence d'être aimé. Il sera alors quelquefois en difficulté ou impuissant à donner ou à recevoir de l'amour. Ce sera un des enjeux masqués de la relation amoureuse de réveiller, de restimuler, de remettre à jour la part la plus infantile de nous-mêmes.»

«L'amour demande beaucoup d'humilité pour respecter chez soi et chez l'autre la présence d'un petit enfant qui crie, appelle, réclame sécurité, confiance et acceptation inconditionnelle.»

«L'amour ne peut se contenter de son propre bonheur. Il lui faut aussi la qualité et la créativité d'une relation pour se survivre à lui-même.»

«La croyance quasi universelle fondée sur l'évidence d'un Amour Unique, permanent et sans faille, entendu et reçu comme gage de bonheur durable, va justement nous faire oublier trop souvent qu'une relation vivante et en santé s'entretient, se nourrit, se respecte. Qu'elle doit surtout se garder de trop de pollutions et se protéger des altérations inévitables d'une intimité qui s'use aux partages du plein temps.»

«Aimer c'est aussi tenter de concilier deux grands amours inséparables: être amoureux de sa propre liberté et devenir amoureux de la liberté de l'autre.»

«Dans une relation amoureuse, il faut être vraiment prêt à tout… un bonheur est si vite arrivé!»

« L'amour ne donne aucun droit sur l'autre, tout au plus sera-t-il porteur d'attentivité et parfois de devoirs. »

« En amour, il y a le temps de l'absence, celui qui court trop lentement, et le temps de la présence qui court si vite qu'il semble se dérober aux feux de nos désirs.

C'est en amour que nous prenons conscience du temps infini qui se morcelle en autant d'espaces de temps eux-mêmes infinis. Quand l'aimé est absent, que le manque nous dévore, l'espace immense du temps nous habite à plein cœur.

Le temps de l'absence non seulement met nos désirs à vif, mais réveille tous les regrets et la nostalgie de n'avoir pas su toujours accueillir, à chaque instant, la présence de l'autre avec tous nos possibles.

Le temps de la présence, lui, est plus lumineux bien sûr, tellement plus vivant, mais semble se rétrécir si vite parfois qu'il nous laisse affamés, alors même que nous sommes remplis par l'odeur, les regards, les gestes ou les paroles de l'autre.

Sachant tout cela, il appartient à chacun de rester vigilant, centré, ouvert à tous les Présents du présent.

Le temps en amour est si précieux qu'il mérite d'être honoré quelle que soit sa destination. »

« L'amour est un lien fragile. Il nous faut accepter que l'autre puisse avoir besoin, pour être, pour croître, d'autre chose que ce que nous croyons bon pour lui. Et son corollaire : lui faire suffisamment confiance pour qu'il sache, lui, ce qui est bon pour lui… même s'il paraît se tromper. Pourtant l'expérience nous crie que cela est difficile à accepter. »

« En chinois, faire l'amour se dit "Rencontre des nuages et de la pluie". Je ne sais comment se dit "aimer l'amour" dans cette langue. »

« Quelle est en vérité la source de l'amour ? Pendant longtemps, j'ai cru que, si nous avions été aimés dans notre enfance, par nos parents ou par des personnes significatives, cela voulait dire que nous étions capables, à notre tour, d'aimer. Je ne le crois plus. L'amour reçu n'est pas suffisant pour pouvoir aimer.

Pour aimer, encore faut-il pouvoir s'aimer et accepter de reconnaître en soi cet amour. Cela suppose d'avoir été entourés, comme enfants, par des relations de qualité s'appuyant sur nos ressources, confirmant notre valeur, renforçant notre confiance en nous-mêmes ! Cela suppose que nos besoins relationnels aient été entendus et comblés.

Cet amour de soi, qu'il ne faut pas confondre avec le narcissisme ou l'égocentrisme, est un amour de bienveillance et de respect envers soi-même. Il est la source de l'amour à offrir et à donner. »

« Il ne suffit pas de s'aimer pour rester ensemble sur le long terme, encore faut-il se donner les moyens de construire une relation qui aide à apaiser et à cicatriser les blessures de l'enfance. »

« Quand je t'offre l'amour au-delà de l'amour, ce sont tous mes rires, tous mes élans, tous mes abandons que je te propose d'accueillir ! »

À ses risques et périls…

« Aimer est une épreuve redoutable, car elle me renvoie à la capacité d'offrir et de recevoir, de demander et de refuser, mais aussi et surtout elle me confronte à la possibilité de l'autre de demander, de donner, de recevoir ou de refuser. »

« Aimer, se sentir en résonance, en harmonie avec un être qui réponde, s'engage, se situe sur une même longueur d'onde ou de sensibilité que soi, ne semble pas facile. La culture de consommation dans laquelle nous vivons (j'allais écrire "nous vivotons" !) semble y être pour quelque chose. Nous avons de plus en plus l'air de consommer l'amour au gré d'une foultitude de rencontres, comme s'il s'agissait d'une denrée banale. »

« Aller jusqu'au bout de son amour c'est aller vers plus de différence, c'est prendre le risque de découvrir les richesses, les insuffisances et parfois les médiocrités de l'autre. »

« La rencontre amoureuse, comme toutes les rencontres significatives de notre vie, nous ouvre à des perceptions nouvelles, réveille en nous des couches endormies, nous révèle à nous-mêmes. La vivacité des interactions est cependant de courte durée, et très vite s'installera un système relationnel structurant, stimulant ou pas. Comme un enfant, le lien a besoin d'être nourri, animé. Il a besoin d'une parole pleine. Il change, il sécrète une pollution ; il peut dépérir ou s'étoffer, être malade ou sain. Il est l'enfant qu'élèvent, soignent ou maltraitent les deux êtres qui, ensemble, l'ont créé.

L'évolution du lien amoureux en lien d'amour est difficile à accepter. Il se transforme par la perte des images idéalisées qui avaient été projetées sur l'autre, par la résurgence de besoins infantiles et de croyances personnelles. Il se heurte aussi aux fidélités invisibles profondément inscrites chez chacun des protagonistes.

L'amour amoureux est destiné à mourir pour faire place à l'amour aimant, porteur d'exigences et de projets. Au-delà des mythes, le lien ne s'enrichit que si chacun accepte de prendre toujours davantage conscience de tout ce qu'il y a en lui-même. »

« Aimer se situe bien dans l'ordre du lâcher prise, car il suppose que nous nous laissions habiter, envahir par un sentiment sur lequel nous n'avons aucun contrôle, aucune maîtrise. C'est pour cela que chez certains, l'amour s'accompagne d'angoisses. Celles-ci ne concernent pas la fiabilité de l'autre mais la perte de contrôle, l'acceptation de l'abandon et ce questionnement voué à rester sans réponse : jusqu'où cela me mènera-t-il ? »

« Beaucoup d'obstacles et de malentendus devront être dépassés, pour pouvoir construire une relation amoureuse dans la durée. Outre l'écueil le plus évident, celui du désamour (car nul ne sait à l'avance la durée de vie d'un amour !), aller à la découverte de la réalité multiple de l'autre, qui nous paraît si proche, est toujours un risque, qui nous surprend, nous émerveille parfois, nous inquiète souvent et que nous ne maîtrisons pas toujours. »

« Le désamour est l'un des mystères de l'amour auquel nous sommes parfois confrontés. Devant lui nous sommes démunis, impuissants et frustrés de ne pouvoir continuer d'aimer… quelqu'un que nous n'aimons plus. »

Les bienfaits de l'amour

« Dans l'éclat le plus lumineux de l'amour, le présent est un présent, le futur une fête et chaque rencontre un éblouissement qui enracine le passé en des souvenirs toujours plus merveilleux. »

« L'amour donne à l'existence de celui qui l'accueille non seulement un éclat, un rayonnement, mais aussi un germe de vivance qui se traduit par une capacité tout à fait surprenante à rejeter la fatigue, à nier le poids des jours, à se régénérer à la seule pensée de l'être aimé. »

« L'amour, quand il est là, fait avec nous comme avec tous les autres : il nous donne envie de parler, de rire, d'être heureux sans raison. Il réveille nos rêves, nous pousse à nous émerveiller d'un rien, d'un tout. La seule présence de l'aimé(e) nous agrandit. Tel un caillou que l'on jette dans l'eau faussement tranquille d'un lac et qui laisse autour de lui des milliers de ronds frémissants qui vont s'apaisant, l'amour résonne en nous, nous mobilise, nous inquiète et nous sécurise à la fois. Aux vents des quatre saisons, l'amour fait tourner en son nom tous les moulins de notre cœur. Car ce qui se vit par amour se vit toujours par-delà le bien et le mal. L'amour, en ce sens, reste un mystère. Il est, me semble-t-il, de l'ordre de la révélation, même si, par la suite, il relève de la création permanente. Ceux qu'il habite devront ainsi l'alimenter, le renouveler et le stimuler pour que le mouvement, l'énergie qui les pousse vers l'autre, reste vivant, dynamique, créatif. L'amour se révèle à celui qui l'accueille, et le surprend sans prévenir. »

« L'amour fait se rencontrer et se heurter deux plaisirs essentiels mais contraires : le plaisir de s'attacher et le plaisir d'être libre. »

« Quand l'amour est l'expression la plus absolue de la liberté, il est vraiment amour. »

« Ce que l'on appelle habituellement amour est en fait constitué par la rencontre de deux vibrations, l'une qui circule chez l'un et va vers l'autre et une autre qui navigue chez le second pour aller vers le premier. L'amour est un phénomène magnifique, l'avez-vous remarqué ? La seule chose qui grandisse au fur et à mesure que nous le dépensons. »

« Il ne me semble pas possible, dans une seule existence, aussi pleine soit-elle de passions et de découvertes, de découvrir, d'une part, tous les possibles de la vie en soi et, d'autre part, toutes les richesses de l'amour partagé. Mais du moins pouvons-nous approcher quelques-uns de ces possibles et quelques-unes de ces richesses. Peut-être pouvons-nous toucher du doigt d'autres possibles, ou entrer de plain-pied dans certains, ou encore nous laisser tout simplement porter et guider par ce sentiment inouï appelé amour, qui nous accompagne et nous bénit parfois sans que nous le sachions toujours. »

« Quand une de mes filles me demandait : "Comment un miracle arrive-t-il ?" et que je lui répondais : "En sachant l'accueillir", je ne savais pas encore qu'il ne suffisait pas de recevoir ou d'accueillir ce qui nous est offert, mais qu'il fallait apprendre à le faire vivre en nous longtemps, à le prolonger, à l'amplifier. Aujourd'hui, j'aurais envie d'ajouter : "L'accueillir et oser l'agrandir !"

C'est l'amour qui permet d'aller au-delà. »

«Aimer c'est plus que vivre.

À certains moments, nous sentons bien que nous baignons dans l'essentiel et que nous touchons du doigt quelques-uns des morceaux du puzzle infini de tout ce qui nous entoure, de tout ce qui nous habite, de tout ce qui nous transcende bien au-delà des quelques réalisations ou constructions visibles. Et que nous pouvons être projetés dans l'immensité d'un accomplissement qui nous dépasse.

C'est l'amour qui permet cela.»

«Aimer c'est plus que vivre.

Nous avons à nous construire, à nous agrandir, à nous élargir, non seulement avec ce qui est autour de nous, mais aussi avec ce qui est en dedans de nous. Nous pouvons approfondir, descendre, plonger dans le noir et l'obscur de nos errances, affronter les strates cachées de notre histoire, oser entrer dans le lumineux et l'ensoleillé de nos découvertes, retrouver nos racines, nos graines, nos bourgeons, nos fleurs, nos semences généreuses.

C'est l'amour qui permet cela.»

«Aimer c'est plus que vivre.

Oui, aimer c'est plus que vivre. J'ai emprunté cette phrase, que je trouve superbe et émouvante, à Victor Hugo, qui fut un chantre de l'amour.»

Quand un amour m'habite

Quand un amour m'habite
il fait le plein en moi.
Il occupe tout l'espace de mon corps,
et aussi de mon cœur et de mes pensées.
Il devient un cadeau vivant
pour chacune de mes cellules.
Il est un soleil dans l'immensité
de mes nuits.
Il est le feu, l'air, l'eau, la terre
et fait naître une étoile nouvelle
dans chacune de mes respirations.
Il est présent dans tout ce qui m'entoure,
dans chaque feuille d'arbre,
dans chaque caillou du chemin,
dans chaque nuage, dans l'infini du ciel.
Sa source est inépuisable,
car elle ne vient de personne d'autre
que du profond et du plus doux de mes émois,
enfin révélé et offert.

AIMANCE

« Plus je vieillis, plus je me sens jeune », me disait cette amie à l'aube de ce printemps. « Bien sûr je sens mon corps se modifier, vieillir, dans le sens où je me sens moins tonique. Active, dynamique, je le suis et même plus que jamais. En fait, j'aurais besoin de journées de soixante-douze heures pour épuiser quelques-uns de mes possibles, pour être totalement ce que je suis, pour réaliser tous mes désirs ou projets... »

J'apprécie beaucoup la clairvoyance, la lucidité de cette personne, et je crois que j'ai percé en partie le mystère de sa jeunesse réelle, trouvé le moteur de sa vitalité quand, à plus de soixante ans, elle manifeste un incroyable enthousiasme pour la vie.

Elle est aimante, non pas seulement amoureuse, mais en amour avec un homme qu'elle connaît depuis des années et qui ne semble pas, lui, être à son égard sur le même registre. Non qu'il ne l'aime pas ou qu'il se laisse aimer, mais il est engagé au loin dans des actions humanitaires qui le mobilisent à temps complet.

Pour cette femme, aimer constitue un état de complétude qui ne laisse aucune place ni au manque, à la douleur ou au regret, ni à l'absence, à la peur de la rupture ou d'un oubli de la part de l'autre. Elle semble aimer, elle aime, avec une telle foi, une telle intensité, que la présence de cet amour en elle est consistante, palpable, visible. « J'ai un tel bonheur à aimer que je suis comblée. Tout ce qui me vient de lui en plus, est cadeau... Mon amour m'habite à plein temps », dit-elle avec une grande simplicité.

Et ceux qui la connaissent, quand elle dit « mon amour », entendent bien qu'il ne s'agit pas là de l'objet de son amour, cet homme qui vit au loin, mais bien de ses sentiments rassemblés en une entité distincte avec laquelle elle dialogue, échange, rit, danse, chante ou pleure. Le nourrissement de cet amour ne vient pas de l'autre, mais d'une énergie suscitée, développée par la seule présence de l'amour au plus profond de son être. Nous pouvons ainsi imaginer en elle toute une alchimie puissante de vie, produite par les souvenirs de ce qu'elle a vécu, la trace de la présence de l'autre, les vibrations intérieures liées à celui qu'elle aime, la chaleur, la force de ses désirs. Et que les attentes, les aspirations de cette femme soient comblées ou non, cela ne semble diminuer en rien son propre engagement : « Ce n'est pas envers lui que je me sens le plus engagée, même si je suis prête à tout lui donner, c'est envers mon amour. Et je ne vis pas cet amour en termes d'obligations, de manques, de devoirs ou de contraintes, mais dans la pleine acceptation de sa présence en moi. Dans la reconnaissance, la gratitude que j'éprouve envers mes sentiments, la parole de mon cœur, les murmures de mes sens, la vibration de mes désirs... »

Je ne sais comment il conviendrait de nommer un tel amour, peut-être tout simplement « aimance ».

***

AUTONOMIE

autonomie

«Au tout début de l'existence, le nouveau-né est dépendant des réponses de l'entourage (notamment celles des parents) pour satisfaire ses besoins primordiaux. Cette dépendance physiologique entraînera par la suite, au long de l'enfance, d'autres dépendances plus subtiles et parfois plus contraignantes : des dépendances relationnelles et surtout affectives. L'autonomie est une conquête parsemée d'embûches, d'obstacles et de pièges. Se différencier des personnes chères et proches que sont papa et maman n'est pas facile.»

«Pour pouvoir laisser un jour ses parents, encore faut-il disposer de suffisamment de ressources personnelles, de confiance en soi et de sécurité intérieure afin d'être autonome et indépendant face aux choix de vie qui s'imposent. Outre la différenciation, qui est une sorte de mise à distance permettant de sortir de la fusion, l'autonomie suppose l'affirmation de soi, la capacité de se définir, de prendre position, et surtout la capacité de répondre avec ses propres moyens à ses besoins fondamentaux.»

«Un certain nombre d'adultes n'ont pas accédé à l'autonomie. Étant passés trop vite d'une prise en charge familiale à une prise en charge conjugale, ils n'ont fait que changer de dépendance. La conquête de leur autonomie en sera retardée d'autant. Ce sont les mêmes qui, durant des années, accepteront de se laisser dicter des comportements et se définir par les autres, et qui un jour, en réaction, tenteront de faire payer à leur conjoint et à leurs proches les révoltes, les colères et les ressentiments qu'ils auront accumulés pendant des années à l'égard de leur famille d'origine.»

«Accéder à l'autonomie peut s'apprendre très tôt. Il suffit de s'appuyer sur quelques repères simples, en particulier sur une règle de vie que chacun peut faire sienne. Ainsi, celle-ci : "Je suis responsable non de ce qui m'arrive, mais de ce que je vais en faire."»

LA CONQUÊTE DE L'AUTONOMIE AFFECTIVE

Josée revient sur son premier grand amour :

« C'est en visionnant le film *Une femme française* à la télévision que j'ai été renvoyée à l'amour de ma jeunesse qui n'avait pas été reçu.

Il s'appelait Thierry, j'avais 17 ans et lui 20 ans. Il faisait des études d'architecte et il m'a comblée, pas sexuellement, mais esthétiquement. Il était créatif, passionné, enthousiaste envers la beauté. Je me suis éveillée au beau à son contact. C'était une relation de rencontre, je le voyais seulement en week-end. En semaine je batifolais, j'aimais faire l'amour, le sida n'existait pas ni la pilule, je me sentais libre d'aller avec d'autres hommes, justement parce qu'il existait.

J'ai dû avorter deux fois, terrifiée et seule. Après le deuxième avortement, Thierry m'a annoncé qu'il aimait une autre femme "qui avait de plus jolies jambes" ! Devant cet argument imparable je lui ai "rendu la liberté".

En fait, je l'excusais. C'était normal qu'il me quitte, je m'étais mal conduite, puisque j'avais eu d'autres relations. Lui aussi, mais lui, il avait le droit. S'il rencontrait une femme avec une plus belle poitrine, une dentition parfaite ou des fesses plus rondes, c'était normal.

Tout au fond de moi, c'était insupportable de ne plus être aimée de lui, alors j'ai tranché, sans anesthésie. La phrase m'est apparue telle une vision et elle est tombée comme un couperet : "l'amour, de toute façon, ça n'existe pas".

Ensuite, pendant des années, je me suis confortée dans ce paradoxe que même si l'amour n'existe pas, moi j'avais su l'aimer, que c'était par amour que je l'avais laissé partir sans faire d'histoires, sans chercher à le retenir ou à le culpabiliser d'en aimer, lui, une autre !

Et puis ces derniers temps, quelque chose de plus pervers a surgi. Je me suis rendu compte que 20 ans après, j'attendais toujours son retour, j'espérais encore, après toutes ces années, qu'il revienne. J'avais construit cette attente à partir d'une phrase qu'il avait déposée lors de notre dernière rencontre. "De toute façon, je t'ai rencontrée trop tôt !" Si c'était trop tôt à l'époque, ce n'était plus le cas aujourd'hui ! Et dire que j'ai vécu sur cette mythologie toute une partie de ma vie. Je comprends pourquoi je ne pouvais m'engager, m'allier avec mon mari, malgré l'alliance qu'il avait fabriquée lui-même, il est bijoutier ! Je me sentais toujours en retrait avec lui, comme pas concernée. J'étais restée prisonnière de mon attente implicite : "Aujourd'hui, il ne serait pas trop tôt pour enfin se rencontrer et vivre ensemble !" Je me sens maintenant capable de terminer cette situation inachevée ! Je vais lui renvoyer sa phrase et me positionner mieux vis-à-vis de cet homme, en reconnaissant tout d'abord que j'éprouve toujours de l'amour pour lui, même si j'ai maltraité ce sentiment, mais que ce n'est pas avec lui que j'ai envie de vivre.

Nous avons toutes été confrontées aux situations inachevées qui jalonnent notre vie. Situations en suspens, non réglées, qui cristallisent autour d'elles beaucoup d'énergie et de souffrance.

La conquête de l'autonomie affective semble passer par le dépassement et même le renoncement à garder et à entretenir en nous tant de vieux trucs dont nous n'avons plus le besoin et l'usage. Nous ressemblons les unes et les autres à des greniers, à des caves bourrées de situations qui nous encombrent et qu'il conviendrait de lâcher ou de restituer. »

***

AUTOSABOTEUR

autosaboteur

«La recherche de la santé psychique et relationnelle n'est pas facile, ce qui veut dire que tout autosaboteur joue un rôle important dans la "mécanique intime" de notre équilibre.»

Des empêcheurs de vivre

«J'appelle "autosaboteur" l'ensemble de ces conduites et comportements que nous mettons en œuvre, avec parfois beaucoup de ténacité, et qui, paradoxalement, nous empêchent de réaliser ce que nous voulons et souhaitons, et finissent par se retourner contre nous. Ces conduites et comportements sont plus ou moins conscients, plus ou moins contraignants, plus ou moins répétitifs. Ils constituent une entrave à notre liberté d'être (capacité à aimer, capacité à être un bon compagnon pour soi, capacité à pouvoir proposer des relations en réciprocité). Ils sont des obstacles dans notre quête de paix intérieure et de bien-être.

Ces "empêcheurs de vivre", invisibles et immatériels, mènent la danse et nous entraînent, même là où nous ne voulons pas aller. Ils jouent un rôle d'autant plus pernicieux que nous ne sommes pas conscients de leur manège. Ce sont nos ennemis, ou nos faux amis intérieurs, nos empêcheurs de vivre et d'être nous-mêmes.»

«Un autosaboteur est d'une incroyable habileté pour avancer des raisons très pertinentes et censées, pour nous inciter à faire ce qui n'est pas bon pour nous ou pour nous suggérer de ne pas faire ce qui, au contraire, pourrait être bon pour nous.

Un autosaboteur est capable de développer un raisonnement parfaitement construit et argumenté, bien ficelé, pour nous pousser à imaginer par anticipation les conséquences négatives, terrifiantes, voire catastrophiques qui nous guettent si nous persistons dans notre orientation première.»

«**Moins je reconnais en moi les saboteurs** à l'œuvre, plus leur action souterraine se fait sentir dans mes actes et mes paroles. Si je désire que mes relations évoluent vers un approfondissement, il me faudra affronter mes démons intérieurs et transformer leur énergie en osant les regarder en face.

Il me faudra repérer mes zones de tolérance et surtout d'intolérance. Reconnaître au plus vite ce qui est en jeu dans ma souffrance. Cela peut porter sur trois aspects:

- l'envahissement de mon territoire;
- une blessure narcissique liée à l'image que j'ai de moi-même;
- l'appréhension d'une persécution future.

Chaque fois qu'une de ces dimensions est "touchée" chez moi, je suis amené à réagir, à sortir de mes comportements relationnels pour entrer dans des comportements réactionnels.

Les innombrables figures des saboteurs sont toutes à double face, elles constituent des forces vitales, à la fois créatrices et destructrices. Elles peuvent prendre la forme suivante:

- autoprivation;
- ressentiment;
- jalousie;
- culpabilisation;
- jugement;
- comparaison;
- projection et appropriation.

Ces poisons relationnels semblent issus des multiples peurs qui nous habitent, nous tenaillent et œuvrent en nous depuis notre prime enfance. Ils fonctionnent en fait comme des acides à l'action plus ou moins lente (rumination, corrosion, déstructuration).»

«L'autosaboteur joue principalement sur le registre des doutes, des peurs et de la culpabilisation, mais aussi sur l'image de soi. En ce sens, il peut alimenter une certaine "bonne image" que nous avons besoin d'entretenir en nous-mêmes, pour nous ou pour autrui!

Images du bon père, de la bonne mère, du bon employé, du bon fils ou de la fille parfaite, que nous avons intériorisées et que nous allons nourrir et entretenir durant des années.

Images le plus souvent nourries de peurs fantasmées, aussi peu réelles que ne le sont la plupart des peurs. Peur de dire, de ne pas dire, de faire, de ne pas faire, d'être vu, surtout, "comme on ne le souhaite pas" ou étiqueté de façon péjorative ; peur de ne plus être aimé, d'être rejeté, d'être nié, et bien d'autres encore. »

Mais d'où viennent ces autosaboteurs ?

« **Les autosaboteurs nous empêchent** non seulement d'atteindre un peu de bonheur, mais d'oser entrer dans le bien-être ou, plus simplement, de nous autoriser à vivre du mieux-être.

En prendre conscience, comme le soulignait ma grand-mère, n'est pas toujours suffisant. Il nous faut remonter à la source de leur implantation dans notre vie, aux racines de notre histoire, afin de les déloger, de les apaiser ou d'y renoncer. »

« On pourrait se demander d'où viennent les autosaboteurs qui nous habitent. Comment sont-ils entrés dans notre existence ? Parfois, très tôt, par des messages clairement négatifs (semblables à des anathèmes), ou par l'entremise de messages plus ambigus, plus ambivalents déposés sur notre tête quand nous étions encore au berceau ou dans les bras de notre mère.

"Oh ! celui-là, il vous en fera voir, il vous décevra souvent !"

"Celle-là, on voit tout de suite qu'elle fera courir les hommes !"

"Celui-là, il faudra le tenir serré si vous ne voulez pas que ça finisse mal un jour !"

Les étiquettes posées, les injonctions énoncées dans l'enfance sont l'équivalent de véritables diktats qui vont définir une personne et conditionner par la suite la plupart de ses comportements relationnels. Les injonctions sont le plus souvent déposées par nos propres parents et ascendants ou par des proches de la famille pour tenter de nous faire entrer dans un moule, pour juguler l'irrationnel pressenti (à juste titre) en chacun de nous, pour circonscrire une répétition, contrôler l'irruption des pulsions. Elles peuvent être imposées avec beaucoup d'amour (un amour inquiet, envahissant ou possessif !), mais rarement avec respect.

Certaines injonctions sont déposées non seulement sur la personne, mais aussi sur la famille, ce qui renforce parfois l'impact.

"Comme il n'a pas eu de père, j'ai toujours pensé qu'il n'arriverait pas à devenir papa. On se demande comment il a fait pour avoir un enfant en si bonne santé !"

"Regardez-le, à peine quelques jours et il a déjà le caractère de sa mère ! À croire que, dans cette famille, tout vient des femmes !"

"Tous les mêmes dans cette famille, il n'y en a pas un pour racheter les autres. Il n'y a que l'argent qui les intéresse, surtout celui des autres !" »

«Il y a aussi, dans le développement d'un être humain, des injonctions qu'il se donne à lui-même, des interdits, des censures, ou même des défis qu'il est le seul à s'imposer. Ce sont le plus souvent des moyens de défense pour faire face à une situation de crise ou de stress, ou à un événement traumatisant qui a brutalement envahi l'espace de vie, auquel certains répondent par l'équivalent d'une politique de la terre brûlée pour éviter de succomber

ou de tomber plus bas. Ces censures, ces interdits transformés en moyens de défense sont nécessaires peut-être au moment où on se les impose, ils sont des protecteurs ou des consolateurs utiles, mais ils vont se révéler être, par la suite, de véritables carcans, d'insupportables prisons qui enferment et inhibent les potentialités réelles.»

«Il y a, à l'origine de nombreux autosaboteurs, tous les manques nourris par des non-réponses, ou des réponses inadaptées, de l'entourage proche aux besoins relationnels des enfants, que ce soit par aveuglement, surdité, méconnaissance ou incompétence. Il ne s'agit pas d'entendre dans ce dernier commentaire une attaque (une fois de plus) contre les parents, mais, plus simplement, de poser un constat afin de montrer (si besoin est) que "l'élevage" d'un enfant suppose des compétences plus cohérentes, plus structurées que celles que nous leur proposons avec notre seule bonne volonté ou la vitalité de notre amour. Cette faille dans les compétences débouche sur plusieurs manques: manques de confiance, d'espoir, de perspectives positives envers le futur proche ou plus lointain, de repères fiables, de balises sûres; manques qui n'ont pas été repérés, entendus et satisfaits.

Maintenir un enfant ou un adulte trop longtemps et de façon répétitive dans le manque va susciter chez lui des frustrations et des angoisses, des revendications et des colères, des violences et des autoviolences. Chez ceux qui n'ont pas vu leurs besoins relationnels comblés, ce retournement de la violence, en particulier contre eux-mêmes, altère leur relation au monde, aux proches et à eux-mêmes.

Une autre origine (qui peut d'ailleurs se greffer sur la première) qui me semble importante pour comprendre l'apparition et la présence d'un autosaboteur dans notre vie revient à se poser la question: "*À qui ferais-je de la peine si j'étais moi-même?*" à laquelle pourrait s'ajouter une autre question: "Et à qui aurais-je quelque chose à prouver?"

Pour montrer à tout prix que l'on n'est pas tout à fait ce que l'on paraît être. Un besoin impérieux de faire la preuve que l'on est autre ou différent va nous entraîner dans beaucoup d'errances. La peur de faire de la peine, le besoin de faire la preuve que… vont se faire en direction de l'une ou l'autre des personnes significatives de notre vie: maman, papa, un frère, une sœur, une grand-mère ou un grand-père, ou vers un des personnages fantasmés de notre enfance et, plus tard, vers des pseudo-amis et peut-être des ennemis intérieurs. La peur de décevoir, de ne plus être aimé, de blesser, de réveiller une nostalgie, de renforcer une tristesse chez un parent qui a perdu un enfant avant nous, par exemple, ou qui a été abandonné par ses parents, par un amoureux, par un mari.

Oui, à qui ferais-je de la peine si j'étais en accord avec moi-même ? Avec l'énergie libérée par cette clarification, il sera possible, par la suite, de se confronter à chacun des autosaboteurs qui sapent notre existence. »

Un travail à faire

« **Chaque fois qu'il nous sera possible** de reconnaître le besoin qui est derrière le manque, les autosaboteurs diminueront, puis disparaîtront peut-être de notre vie.

C'est donc tout un travail de recadrage qu'il nous faut accomplir, tout un travail de repositionnement des événements structurants de notre vie, ce qui nous permettra à la fois de mieux comprendre tout ce que nous avons entretenu, en nous, de négatif, et d'y renoncer. »

« Les chemins à prendre sont nombreux pour tenter d'aller au-delà de la prise de conscience vers une prise en charge ou un renoncement à nos autosaboteurs. »

« **En renonçant à quelques-uns de nos autosaboteurs,** c'est un immense champ de vie que nous agrandissons en nous, c'est tout un espace de relations que nous ouvrons, c'est aussi la possibilité de faire advenir de nouvelles rencontres et d'accepter de se laisser stimuler et dynamiser par certaines d'entre elles. Cela nous permettra également de mieux tolérer les séparations nécessaires, imposées ou choisies, qui jalonnent notre vie et qui (d'une certaine façon) nous mettent au monde tout au long de notre existence. »

L'ENVIE ET LA COMPARAISON

Quand l'un ou l'autre de ces sentiments (l'envie ou la comparaison) domine, il peut nous décaler complètement de nous-mêmes.

« Je comparais sans cesse ce que mes parents donnaient à ma sœur, certaines petites attentions, des mots gentils, les gestes que mon père lui prodiguait, à ce qu'ils me donnaient à moi. Je souffrais en permanence, car j'avais le sentiment que mon père n'avait pas, à mon égard, la même qualité de gestes, les mêmes sourires. Quand mon père s'adressait à moi, il manquait toujours quelque chose, alors qu'il comblait ma sœur sans qu'elle ait même à demander.

Mon cauchemar commençait au petit matin.

Dès le réveil, je m'arrangeais pour être dans la salle de bain avec lui quand il se rasait ; j'adorais le voir étaler sa crème à raser. Il s'étonnait toujours de ma présence, puis me demandait des nouvelles de ma sœur ! Je me sentais transparente, inexistante à ses yeux, comme si je n'étais pas suffisamment intéressante pour lui. Je me demandais ce que ma sœur pouvait bien avoir de plus que moi ; je passais mon temps à essayer de comprendre, je tentais de la copier, de me modeler sur elle afin de répondre aux attentes de mon père.

En fin de compte, je ne faisais que m'éloigner un peu plus de moi-même ! »

Sitôt que nous commençons à nous comparer avec ce que l'autre est, avec ce qu'il a et que nous n'avons pas, avec ce qu'il est capable de faire et avec ce qu'on lui a donné, nous introduisons l'équivalent d'un poison, d'une redoutable toxine dans notre esprit. Cet autosaboteur s'introduit dès l'enfance dans les relations fraternelles. « Tiens, pourquoi on laisse parler mon frère alors qu'à moi on me coupe la parole ? Papa a toujours un mot gentil pour son chien, et moi je n'entends que des reproches. »

Plus tard, dans le monde du travail, les comparaisons pullulent : « Ma collègue, qui a les mêmes diplômes, la même ancienneté, qui fait le même boulot que moi, a reçu une augmentation de salaire ! » « Et lui, le dernier arrivé, on lui a donné un bureau avec une fenêtre, alors que cela fait des années que j'en demande un, plus fonctionnel, plus aéré. »

Dans le couple, les comparaisons silencieuses sont à la source de ressentiments tenaces. « Elle accueille toujours ses amis avec un mot gentil ; elle enlève son tablier quand ils arrivent, les embrasse, et moi c'est tout juste si elle me regarde quand je rentre à la maison ! »

La comparaison nous renvoie le plus souvent une image négative, dévalorisée de nous-mêmes (ou de l'autre quand elle est à son désavantage), mais cet autosaboteur nourrit surtout rancœurs, ressentiments et amertumes, qui polluent la relation et colorent la vie de grisaille.

***

BEAUTÉ *beauté*

Quel beau cadeau !

Quel beau cadeau que d'apporter un peu plus de beauté au monde,
Et quel plaisir que d'accueillir la beauté
quand elle se présente à soi !
Ne pourrait-on avoir le souci de faire que chaque
rencontre soit un cadeau de la beauté à la beauté ?

«De quelle beauté s'agit-il? Je souhaite parler de la beauté de l'instant. Beauté fragile d'un clair de lune qui se dessine dans le cadre de ma fenêtre. Beauté ciselée par la lumière du soir, auréolée par l'étonnement des bourgeons de l'amandier que j'ai planté, il y a trois ans, non loin d'un érable du Japon. Beauté d'une tête de Bouddha taillée dans une pierre du bout du monde…»

«La beauté est faite d'un ensemble de petits clins d'œil à la vie qui, soudain rassemblés, illuminent l'instant.»

«Dans les écoles, une éducation à la beauté pourrait être une matière à part entière. Elle consisterait à apprendre aux enfants à ralentir le cours des heures, à s'arrêter au présent, juste un instant, pour prendre le temps de poser un regard sur le monde, d'effeuiller une odeur, de laisser scintiller et s'accorder deux couleurs, ou simplement d'écouter la résonance de deux notes.»

«La beauté s'accompagne parfois de la conscience du sacré qui anime les actes et les accords du quotidien. Ce mouvement rapide de la main droite de ma mère pour relever une mèche de cheveux indociles sur nos fronts d'enfants, ou le glissement très doux de son index près de l'œil pour lisser une ride fatiguée quand elle se préparait à sortir. "Au dehors il faut savoir se tenir. Se faire beau ne coûte rien, c'est juste une attention envers autrui et du respect envers soi", aimait-elle à dire.

J'aimerais que ces attentions, ce respect puissent se transmettre et continuer d'embellir ainsi chaque instant de l'existence.»

«J'imagine que pourrait se développer, dans mon pays et dans quelques autres, une industrie du beau. Plus la beauté prendrait de place, moins il en resterait pour la barbarie et la souffrance.»

UN INSTANT D'ÉMERVEILLEMENT

C'était la fin d'une belle après-midi, celle du dernier dimanche de vacances. Le lendemain recommençaient les classes, le travail, la vie normale... Une certaine nostalgie, un alanguissement flottaient dans l'air.

La foule des touristes se dispersait doucement, sur un mode nonchalant, et je crois que j'attendais avec une impatience tranquille que mon village retrouve son visage des autres mois de l'année... Je m'étais tourné vers l'ouest, la direction du bonheur, au bout d'une journée, face à un soleil resplendissant dans une magnifique trouée de verdure. Plus bas, sur la place, dansaient les feuilles des platanes étonnamment vertes et lumineuses sur le bleu éclatant du ciel. J'étais ainsi, abandonné à la douceur des choses, encore bercé par les dernières paroles d'une connaissance qui s'éloignait, le regard perdu dans un large rayon de lumière. Instant fugace pendant lequel il est possible de s'isoler de toutes les responsabilités. Le ciel me sert souvent à ça, je m'y envole pour échapper aux pesanteurs des réalités quand elles sont trop problématiques !

Et voilà que dans ce drapé de lumière, il y eut tout à coup une spirale ascendante, toute scintillante. Des centaines de petits éclats infimes, irisés de scintillements dorés, s'élevaient lentement jusqu'à disparaître, happés par l'ombre du feuillage. Un instant, du coin de l'œil je crus à des poussières... Et puis il y eut un autre envol, encore plus magique que le premier, et là, j'ai vu une petite fille manger le plus consciencieusement du monde de la barbe à papa. Elle ne plongeait pas sa bouche dans le nuage de sucre rose, mais elle en arrachait à pleine menotte de belles effilochées qu'elle happait avec délice. Et de celles-ci s'envolaient, par milliers, des cristaux infimes de sucre qui virevoltaient autour de ses mains et que chaque mouvement répandait comme une pluie ascendante de poussière d'or. La fillette, dans ce rayon de soleil tombé du ciel, irradiait une aura de particules scintillantes que le souffle de vent emportait vers la voûte des arbres.

C'était superbe, tellement léger, imprévisible et impalpable, irréel mais si présent... instant de bonheur rare comme la réalité sait nous en offrir pour nous rappeler que le bonheur existe. Instant d'apesanteur sociale, quand la vie s'écoule benoîtement sans obstacles ni réticences, et qui m'émerveille chaque fois avec la même intensité, que je reçois comme un cadeau. Quelques secondes encore, quelques bouchées de plus, et la fillette s'en est allée, reprise par la poigne ferme de sa mère...

Heureux toute une soirée d'avoir été le témoin, le seul témoin peut-être, de ce moment enlevé à la voracité du temps – aussi ai-je plaisir à vous l'offrir en partage...

***

BESOIN
besoin

J'ai tellement besoin...

J'ai tellement besoin d'être aimé, d'être apprécié,
de me sentir bon et d'être vu comme bon aussi,
que je sais mal doser mes réponses aux tentatives de séduction,
aux attentes et aux demandes.
Ainsi, quand c'est trop réciproque,
je donne trop par culpabilité, par narcissisme
et je piège l'autre et moi-même
en lui laissant croire que j'ai plus que je ne peux donner.

« Parmi nos besoins relationnels vitaux, il y a celui d'être reconnu. D'être reconnu non seulement pour ce que l'on fait, mais pour ce que l'on est. Il faut parfois plusieurs décennies pour oser exister à part entière. »

Besoin ou... désir ?

« **On m'a souvent demandé** quelle est la différence entre un besoin et un désir. Le propre d'un besoin, c'est qu'il doit être satisfait, sinon notre intégrité physique ou psychologique est en danger. On pourrait dire que les besoins sont antérieurs aux désirs, qu'ils sont présents dès l'origine de la vie, car ils participent à sa survie.

Le propre d'un désir, c'est qu'il a surtout *besoin* d'être reconnu, entendu, ce qui signifie aussi qu'il ne sera pas toujours satisfait, même si le désir profond d'un désir est d'être comblé ! »

« Il convient de ne pas sous-estimer les besoins, même s'ils paraissent moins brillants ou lumineux que les désirs, car de leur satisfaction dépend notre équilibre mental et physique. Je pense en particulier aux besoins relationnels, qui sont trop souvent méconnus ou maltraités, et dont la satisfaction ou la non-satisfaction va conditionner la qualité de nos relations aux autres. À chaque besoin relationnel correspond une demande à satisfaire, explicite ou implicite, qui se traduira par un état de bien-être et de paix si elle est entendue et comblée, ou un état de mal-être et de souffrance si elle est ignorée ou non satisfaite. »

« Il y a, chez la plupart d'entre nous, un besoin vital de se relier à un partenaire qui sache recevoir notre amour, notre attention et notre présence proche. Un partenaire qui puisse être le réceptacle de notre désir d'aimer et d'être aimés. »

« Un couple mature ne confond pas les besoins personnels de chacun de ses protagonistes avec ses propres besoins, car un couple vivant a des besoins. En voici quelques-uns :

- besoin de sécurité lié à la fiabilité de la relation ;
- besoin de confirmation que le couple remplit une fonction importante dans le devenir de chacun de ses membres ;
- besoin de partage, c'est-à-dire d'avoir des échanges personnels (autres que fonctionnels pour la bonne marche des besoins du ménage !) ;
- besoin de nettoyer la relation quand elle est encombrée ou parasitée par des contentieux, des mots toxiques ;
- besoin de tendresse gratuite et imprévue, sans avoir l'alibi d'un anniversaire ou d'une fête à célébrer ;
- besoin de tolérance et d'ouverture, pour faire face aux tensions et aux malentendus inévitables, etc. »

« **Il peut arriver** que nous ayons à choisir entre répondre à un besoin ou répondre à un désir. Si nous croyons sortir du conflit en choisissant de répondre au désir, il faut quand même savoir que nos besoins nous rattrapent toujours.

S'il est toujours possible de différer la réponse à un besoin, il faudra cependant, à un moment donné, le satisfaire. J'invite donc, en dernier recours, à privilégier la satisfaction du besoin. Car notre vie, notre équilibre corporel et mental en dépendent. »

« Le désir paraît plus dynamique que le besoin, plus porteur de ce mouvement qui soudain nous anime, nous porte, voire nous transporte vers l'objet de notre attirance. Le désir est un générateur d'énergie extraordinaire, c'est pour cela qu'il l'emporte le plus souvent sur le besoin, dont la dynamique est plus statique, ce qui ne veut pas dire passive. Il ne m'appartient pas ici de dire ce qu'il est préférable de satisfaire, désir ou besoin. Cela dépend des équilibres, des mouvements relationnels, des engagements qui sont à l'œuvre à une période donnée de la vie, des tempêtes et des plages de calme de notre existence. Mais il me paraît important que nous nous y confrontions afin de ne pas rester aveugles et de faire l'impasse devant ces deux énergies : un désir qui veut se réaliser et un besoin qui risque de ne plus être satisfait !, mais qui, de toute façon, réclamera aussi satisfaction à un moment ou un autre. »

« **Mon besoin a surtout besoin** d'être confirmé en tant que tel. Il a droit d'existence indépendamment de toute satisfaction. Tout besoin est en quête d'une reconnaissance avant même d'être comblé (dans le meilleur des cas !) par l'entière disponibilité de l'autre. Et comme il ne convient pas de confondre besoin et désir, j'ajouterai que le propre d'un désir est qu'il a besoin d'être entendu, le besoin a besoin, lui, d'être accueilli et reçu même s'il n'est pas directement satisfait. »

« Peut-être est-il utile de rappeler que les parents sont là pour répondre principalement aux besoins de leurs enfants et non à leurs désirs. Cela pour ne pas risquer de les transformer plus tard en véritables terroristes relationnels vis-à-vis… de leurs partenaires amoureux.

Dans un couple, nous avons aussi trop souvent tendance à répondre aux désirs de l'un ou de l'autre plus qu'aux besoins de la relation. Ce qui confrontera à un moment donné ou à un autre l'un des partenaires à s'interroger sur la viabilité même du couple. »

Conflit entre certains besoins

« **J'avais tellement besoin de son amour** que je lui ai fait cadeau de ce qu'il y avait de plus essentiel en moi… ma vie. »

« Oui, j'ai besoin de ton regard sur moi, mais j'ai besoin aussi d'une parole à moi. »

« **Cette expression: "Je ne peux pas"** pourrait être supprimée de notre vocabulaire, disparaître de nos références habituelles et être, pour notre plus grand bien, remplacée par une affirmation plus nette, plus claire: "Je ne veux pas! Je ne fais pas ce choix, je n'entre pas dans cette proposition, dans ce projet." Mais cela nous oblige alors à affronter, à toucher du doigt, parfois douloureusement, une difficulté présente en chacun d'entre nous: le conflit entre besoin d'approbation et besoin d'affirmation. Ces deux besoins importants, vitaux, ne peuvent cohabiter. Si j'ose m'affirmer (en particulier auprès de personnes significatives de ma vie), je prends le risque de ne pas être approuvé, ou même d'être rejeté (par ces mêmes personnes!). C'est ce qui explique que l'on préfère utiliser le "Je ne peux pas" de préférence au "Je ne veux pas". Nous éludons la confrontation avec l'autre par un "Je ne peux pas", car, en nous affirmant, nous craignons de ne pas avoir l'approbation de personnes chères, nous avons peur d'être jugés, rejetés ou, ce que nous redoutons le plus, de ne pas être aimés! »

« Nous affirmer suppose que nous renoncions à l'approbation d'autrui, quitte, parfois, à oser faire de la peine à nos proches, nous démarquer de leurs croyances, refuser de nous laisser entraîner par leurs peurs en faisant preuve d'idées, de comportements ou d'attitudes différents des leurs.

D'une certaine façon, devenir adulte signifie que le besoin d'affirmation a pris le pas sur le besoin d'approbation. »

« **Le syndrome du porc-épic**: quand l'un s'approche, l'autre s'éloigne. Le désir de la présence et le besoin de distance alternent, comme dans un jeu de yoyo, quand ils ne s'affrontent pas. Le besoin d'appartenance et de cohésion combat le besoin d'indépendance et d'autonomie, et vice-versa. »

« RIEN QUE MOI ET MON PAPA ! »

Une famille nombreuse, en France, commence à trois enfants, et c'est vrai qu'il est difficile pour les parents de consacrer du temps, de manifester un intérêt soutenu à chaque enfant de façon équitable, même quand ils ne sont pas très nombreux. C'est souvent le plus petit ou le plus fragile qui capte les regards, les marques d'attention et même les témoignages d'amour. Certains enfants, percevant cela, *s'arrangent*, et je souligne ce mot, pour se faire des petits bobos, produire des somatisations grâce auxquels ils captent l'intérêt et l'affection de leurs parents. D'autres y arrivent en faisant des bêtises, en provoquant des incidents, en volant au supermarché ou en suscitant, par des comportements atypiques, des réactions outrancières (mais qui sont bien centrées sur eux !)... de la part de leurs parents.

Chaque enfant a besoin de recevoir une attention privilégiée, que ce soit le soir au moment du coucher, avec un temps de câlins, une histoire, une étreinte plus prolongée, ou à d'autres moments spécifiques de la vie quotidienne, ceux qui précèdent une séparation durable ou un éloignement temporaire, par exemple.

Père de cinq enfants, j'ai ainsi été confronté par chacun d'eux à des attentes, à des besoins particuliers, très différents. Entre les silences d'une adolescente de quatorze ans qui souhaite que son père lui accorde un moment « rien que pour elle ! », qu'il s'intéresse vraiment à son exposé sur *Emma Bovary*, et un volcan ambulant de cinq ans monté sur patins à roulettes qui réclame qu'on s'extasie sur ses exploits quand il descend les escaliers sur les mains, il y a tout un univers de différences réclamant des attentions bien spécifiques.

J'ai compris, malheureusement tard dans ma vie de père, que les enfants réclament de notre part un temps *rien que pour eux* ! Un temps où ils disposent de nous, les parents, de manière exclusive ! Sans parasitage d'amis, d'appels téléphoniques, de choses à faire, et surtout sans la concurrence tous azimuts de frères et de sœurs, tous concurrents redoutables, habiles à capter le regard, l'écoute, la présence de l'un ou de l'autre des parents.

Durant toute une période, chaque semaine, je m'arrangeais pour leur faire une invitation personnalisée, soit au restaurant, soit au salon de thé, soit pour une promenade à deux. « Rien que moi et mon papa » était devenu leur expression favorite.

Si chaque enfant a besoin de profiter régulièrement de l'attention privilégiée d'un adulte, il a tout autant besoin de pouvoir s'exprimer librement et d'être écouté au sein de la famille. Pour cette raison, nous avions inventé, sur le modèle du bâton de palabre africain et grâce aux conseils d'une amie ethnologue, le bâton de parole. Il s'agissait,

dans notre cas, d'une vieille cuillère en bois sur laquelle j'avais sommairement sculpté, sur la face interne, une bouche, et sur la face externe, une oreille. La présentation du bâton de parole pouvait exprimer un triple besoin : parler, écouter ou être écouté. En famille, la convention était la suivante : celui qui voulait parler demandait le bâton de parole et ne pouvait être interrompu tant qu'il l'avait en sa possession. Celui qui le demandait à son tour ne pouvait pas parler de l'autre, mais seulement de lui, de ses idées, de son point de vue, de ce qu'il ressentait.

Le bâton de parole fonctionnait surtout pendant les repas, dans la voiture ou lors des grands rassemblements familiaux. Il agissait alors comme un régulateur des échanges en favorisant l'expression de chacun.

« Rien que moi et mon papa ! » et le bâton de parole expriment des besoins qui méritent qu'on y réponde... de temps en temps.

***

BONHEUR
bonheur

Les cheminements du bonheur

Il faut être attentif aux cheminements
du bonheur parce qu'il ne repasse jamais
deux fois au même endroit.

«Qu'est-ce que le bonheur? C'est renoncer au plaisir d'être malheureux.»

«Le sentiment du bonheur ne résulte pas d'une accumulation de plaisirs, mais de la capacité à vivre dans la joie les moments les plus anodins de la vie. La joie n'est pas seulement un élan, elle est un jaillissement interne d'énergie qui dynamise la personne et son entourage. La joie participe d'un accord de tous les sens avec l'instant.

Le plaisir est une sensation qui peut être forte et bonne mais qui reste limitée à une action donnée. Le plaisir s'épuise au moment même où il est vécu, alors que la joie s'amplifie et se diffuse au fil de multiples accords qui renaissent et laissent des traces plus durables.»

«Être heureux ne dépend pas seulement de l'irruption d'un événement gratifiant ou bienveillant dans notre vie, mais surtout de notre capacité à accueillir, à protéger et à amplifier cet événement sans le parasiter par des pensées toxiques.»

«Ce sont les petits bonheurs fragiles du quotidien qui ont le plus besoin d'être accueillis… pour s'amplifier plus loin, dans la vie de chacun.»

«Le bonheur et la tristesse vont de pair. Ils sont étroitement accrochés l'un à l'autre, indissociablement liés, je pourrais dire accordés. Cependant le bonheur et la tristesse ne se mélangent pas. Ils restent des sentiments à part entière, avec des racines et des fruits qui leur sont propres.»

« Si je peux oser être heureux ou triste avec quelqu'un que j'aime, sans me sentir dépossédé de ces sentiments, c'est que je suis aimé de lui. »

« Certains croient pouvoir construire ou restaurer des bonheurs comme on construit ou restaure une maison... Ils passent d'ailleurs beaucoup de temps à construire ou à restaurer des maisons. »

« À ceux à qui le bonheur est insupportable (ou inavouable), il n'est pas certain que les thérapies par le rire fassent grand bien, mais il n'est pas exclu de conseiller à ceux qui les fréquentent d'en entreprendre une ! »

« Le bonheur n'est contagieux que pour ceux qui le côtoient sans peur ni réserves et qui sont ouverts à sa présence. »

« Le bonheur est un état à la fois éphémère et permanent.

Éphémère quand nous le rencontrons et que nous le traversons parfois si vite que nous ne le reconnaissons pas.

Permanent, car à l'état de potentialité il est partout, comme l'oxygène dans l'air. »

« Je ne peux pas faire le bonheur de l'autre ; il ne peut pas "faire" le mien. Mais nous pouvons parfois contribuer au bonheur de l'autre, et il nous est possible surtout de ne pas s'y opposer. »

« L'art du bonheur, c'est laisser rire en soi tous les plaisirs possibles, les cadeaux du présent, ceux qui nous invitent à entrer, à jouer et à participer. »

« Développer notre capacité à être heureux suppose aussi que nous sachions nous relier le plus directement possible à nos émotions, que celles-ci soient négatives ou positives. »

LE TEMPS DE L'EXCEPTIONNEL

J'avais 19 ans, j'étais seul en vacances près de l'étang de Leucate, à 10 kilomètres de Perpignan, au cœur d'un mois de juillet torride. Une après-midi, j'ai dérangé sans le vouloir un homme qui faisait la sieste sous une pinasse retournée. J'ai fait ainsi connaissance d'Eugène, un pêcheur d'anguilles qui ne travaillait que la nuit. Un homme mûr, silencieux, bon (je le découvris plus tard) et rieur (je le sus tout de suite). Dès notre première rencontre, il m'invita à déguster une bouillabaisse d'anguilles, dont il m'apprit aussitôt les secrets, en particulier comment il fallait frotter chaque pomme de terre avec de l'ail « pour donner du goût en profondeur » ! En quelques jours, nous sommes devenus amis. Nous pêchions la nuit, dormions la moitié du jour et mangions à chaque repas, sauf le dimanche, une bouillabaisse d'anguilles si succulente que je n'en ai jamais retrouvé de semblable. Le dimanche, par contre, « puisque c'est dimanche ! » disait-il, nous dévorions, à deux, un énorme plat de sardines grillées avec des poivrons !

Je trouvais cet homme extraordinaire. Il me donnait le sentiment que rien de préjudiciable ne me viendrait de lui, que rien de mauvais ne pouvait lui arriver. Toutes les deux phrases il riait, enveloppant ce qu'il disait de soleil et de bonheur. Son regard, tendre et rieur, semblait découvrir des moments heureux dans tous les coins et recoins du temps, à chaque instant. Sa prestance, je devrais dire sa façon de se tenir face aux autres comme s'il était face à un vent de force six ou sept, semblait créer un champ magnétique contre lequel toute la violence du monde échouerait...

L'habileté de ses doigts à réparer les trous d'un filet, à colmater au chanvre et au goudron une fuite d'eau, à démonter son vieux moteur diesel et à le répandre en pièces détachées sur une vieille bâche, au fond de la cale ou sur le pont, avant de le remonter en quelques heures, m'étonnait chaque fois et me remplissait d'une admiration envieuse. Son sourire, au moment de relever le filet chargé de poissons, ses gestes affectueux pour rejeter à l'étang tout ce qui n'était pas anguilles et « qui méritait de vivre malgré nous ! », m'émouvaient et me donnaient une confiance inouïe. Oui, je trouvais cet homme exceptionnel de simplicité, de cohérence et de force bienveillante. Il a marqué ma jeunesse, il fut pour moi un maître de vie.

Si nous savons accueillir l'imprévisible, nous ouvrir à l'exceptionnel, des miracles surgiront spontanément et nous surprendront plus souvent que nous n'osons l'imaginer.

***

CITOYENNETÉ

citoyenneté

«Apprendre à vivre non les uns sur les autres, mais les uns avec les autres, au plus proche de nos différences.»

Les rouages sociaux

«Dire bonjour, c'est un début d'apprivoisement, c'est l'amorce d'un échange, d'un lien. La meilleure façon de le faire, consiste à prendre le temps de le dire en regardant celui ou celle à qui ce vœu de "bon jour" s'adresse. Si vous ajoutez un sourire avec l'ouverture du cœur, vous semez un peu plus d'amour et de paix dans le monde. Vous changez parfois ainsi la qualité de la journée de l'interlocuteur — et de la vôtre!»

«La politesse et la courtoisie, ou l'art des bonnes manières, ont pour fonction essentielle de veiller à ne pas provoquer la gêne d'autrui, ou à ne pas porter préjudice à autrui, et pour finalité de mettre de l'huile dans les relations interpersonnelles et les rouages sociaux. Il s'agit le plus souvent d'un ensemble d'attitudes et de comportements, codifiés au sein d'une culture donnée: leur respect permet à chacun de se sentir mieux, ou tout au moins d'être à l'aise en présence d'autrui. En étant poli ou courtois, nous sommes dans l'ordre de la proposition, de l'invitation, de l'offrande gratuite d'un côté, et de la discrétion, de l'ouverture ou de la disponibilité, de l'autre.»

«Une marque de politesse venant d'autrui est l'indice que quelqu'un non seulement tient compte de notre existence, mais nous reconnaît une valeur. De notre part, elle est un mouvement vers l'autre indiquant que nous ne sommes pas porteurs d'intentions négatives ou malveillantes. Le respect n'est pas un dû, mais une offrande qui peut confirmer l'estime de soi, donner le sentiment d'un épanouissement et procurer un bien-être intérieur.»

«L'impolitesse, avec la disparition des gestes et attitudes élémentaires de courtoisie qui adoucissent et lubrifient même les rapports humains, est le début de l'incivilité. Et l'incivilité, le non-respect des personnes et des biens communs, est le terreau de la violence. Beaucoup d'actes de violence sont liés à des blessures d'amour-propre. Interpeller un jeune en lui disant: "Tu pourrais être poli, espèce de petit con!" n'est pas la meilleure façon de l'inciter à l'être.»

«Je suis un être unique, avec mes ressources, mes compétences, mes capacités et mes limites. L'autre, en face ou à côté ou contre moi, est aussi un être unique, avec ses ressources, ses compétences, ses capacités et ses propres limites.»

«Quand je dis "Bonjour", "Merci" "Je vous en prie" "Après vous", "S'il vous plaît", "Serait-il possible de...", je le fais pour l'autre mais aussi à mon intention. Ce faisant, j'ai le sentiment de me respecter, de maintenir et de garder vivant mon goût de la vie: minuscules attentions, clins d'œil de reconnaissance, c'est tout petit, tout petit, parfois imperceptible, mais cela laisse une trace, nourrit un échange, embellit une journée. Cela ne vise pas à changer le monde, cela ne diminue pas la misère ou l'injustice, mais permet simplement de mieux faire circuler un peu de bon, davantage d'humanitude. Un sourire esquissé à l'intention d'une passante que je ne connais pas, une caresse légère sur la tête d'un enfant qui freine mon avancée dans un magasin, un temps d'arrêt pour inviter un plus pressé que moi à passer, une invitation de la main pour permettre à un autre de me dépasser...»

«Dans le maquis des bonnes manières, il peut nous arriver de nous égarer, mais nous perdre sans arrêt suppose beaucoup de compétences.»

La conscience citoyenne

«En regardant vivre mes enfants, aujourd'hui devenus des adultes, j'ai été amené à m'interroger sur la façon dont se construit une conscience citoyenne. Comment se développe une conscience alliée à de la lucidité, à un sens critique, à une capacité d'engagement, et pourquoi pas à des combats pour un monde meilleur?

Bien sûr, nous avons eu, mes enfants et moi, d'innombrables discussions sur des sujets “chauds”, révélateurs du dysfonctionnement de notre société : les scandales concernant l'argent facile et l'argent sale, la non-fiabilité des hommes politiques, les disparités sociales, le sida, la drogue, le chômage, les immigrés, la manipulation des guerres, le racisme, la torture, la violence…

Lorsqu'il m'arrive d'y penser, il me semble pourtant que nous nous échauffions davantage quand il s'agissait d'événements et de situations qui se situaient à des milliers de kilomètres que lorsque ces événements concernaient notre pays, notre région. Nous entretenions mutuellement l'idée que nous étions des citoyens actifs et engagés en cotisant à Amnesty International, en versant notre obole aux Restos du cœur ou en défilant pour soutenir les actions spectaculaires de Greenpeace… Cela nous servait de caution.

Une conscience citoyenne en action est pourtant autre chose : s'engager, agir personnellement, que ce soit sur le plan de son quartier, de son village, de sa région, de son pays, ou sur le plan planétaire grâce aux relais qu'offrent les ONG, les associations humanitaires.

Il n'est pas facile de lutter contre sa propre inertie et son auto-satisfaction, de se dégager de ses soucis et tracas personnels pour s'ouvrir à davantage de conscience sociale, et se dynamiser. Même si ce n'est pas facile, c'est d'autant plus nécessaire, aujourd'hui, chaque jour. »

« L'intolérance est fondée sur un manque d'imagination qui empêche de se représenter que l'autre a des réactions et des besoins différents ; elle est fondée sur une identification sans distance. »

« Le jour où on enseignera à se dire, à être entendu, à mettre en commun les ressources et les possibles de chacun, on initiera alors à la vie des citoyens responsables. Or un citoyen nouveau, engagé et conscient, rien de plus dangereux pour la classe politique ! »

JE VIS DANS UN VILLAGE UNIQUE...

Si l'on pouvait réduire la population du monde à un village de 100 personnes tout en maintenant les proportions de tous les peuples existants sur la terre, ce village serait ainsi composé :

- 57 Asiatiques ;
- 21 Européens ;
- 14 Américains (Nord, Centre et Sud) ;
- 8 Africains.

Il comprendrait :

- 52 femmes et 48 hommes ;
- 30 Blancs et 70 Non-Blancs ;
- 30 chrétiens et 70 non-chrétiens ;
- 89 hétérosexuels et 11 homosexuels ;
- 6 personnes possédant 59 % de la richesse totale qui seraient originaires des États-Unis d'Amérique.

Des 100 personnes de ce village :

- 80 vivraient dans des conditions sanitaires déplorables ;
- 70 seraient analphabètes ;
- 50 souffriraient de malnutrition ;
- 1 serait en train de mourir ;
- 1 serait en train de naître ;
- 1 posséderait un ordinateur ;
- 1 (oui, une seule !) aurait un diplôme universitaire.

Si vous considérez le monde de cette manière, si vous l'écoutez avec ce regard, si vous l'entendez avec cette vision nouvelle, le besoin et l'urgence de tolérance, de compréhension et de changement, non seulement dans les conduites au quotidien mais aussi dans les mentalités, s'imposeront à vous comme une évidence majeure.

Si, de surcroît, vous prenez en considération les quelques données qui suivent, vous relativiserez bien des problèmes qui vous paraissent insurmontables et vous oserez peut-être vous engager et devenir à votre tour un agent de changement social.

Si vous vous êtes levé ce matin en bonne santé plutôt que malade, vous avez plus de chance que le million de personnes qui ne verront pas le jour se lever la semaine prochaine.

Si vous n'avez jamais connu le danger d'une bataille, la solitude de l'emprisonnement, l'agonie de la torture, l'étau de la faim, vous êtes en meilleure situation que 500 millions de personnes qui subissent cela sur notre planète.

Si vous pouvez aller dans votre lieu de culte sans peur d'être menacé, torturé ou tué, vous avez plus de chance que trois milliards de personnes.

Si vous avez de la nourriture dans votre frigo, des habits pour vous vêtir, un toit sur votre tête et un endroit pour dormir, vous êtes plus riche que 75 % des habitants de la terre.

Si vous avez de l'argent à la banque, dans votre portefeuille et de la monnaie dans une petite boîte, attendant d'être dépensée, vous faites partie des 8 % les plus privilégiés du monde.

Si vos parents sont encore vivants et toujours mariés (ou encore ensemble), vous êtes une personne réellement rare.

Enfin, si vous lisez ce livre, c'est que vous aurez reçu une double bénédiction : quelqu'un aura pensé à vous, et vous ne faites pas partie des deux milliards de personnes qui ne savent pas lire.

***

COMMUNICATION

Il est des jours

Il est des jours où
il est si difficile de se dire !
Il est des jours où
il semble impossible d'être entendu.
Oh ! non pas d'inconnus ou d'étrangers
mais justement de ceux qui me sont proches,
de ceux aimés et aimants, du moins,
le disent-ils,
qui partagent ma vie
et l'intime de mon quotidien.
Il est des jours où
ce que je te dis te déstabilise,
ce que j'entends m'insécurise...
Il est des jours où
je te perds dans une simple parole
mal entendue, qui ne rejoint ni
ta longueur d'onde émotionnelle,
ni ta sensibilité du moment.
Il est des jours où
je déclenche sans le savoir
une série de réponses stéréotypées,
de justifications, de condamnations
qui semblent sans appel.
Il est des jours où
je me sens jugé, étiqueté, diminué
et sans valeur.
Il est des jours où
je fonctionne aussi comme toi.
Et le plus terrible
est que je ne m'entends pas le faisant.
Que je le découvre plus tard, trop tard,
quand tous deux, exténués,
nous ne gardons au plus précieux de nous,
que notre silence.
Quand nous nous accrochons à nos refus
comme à une bouée,
ultime protection contre la panique
de se perdre.
Il est des jours où
tu sors de moi et où
je sors de toi,
meurtri, abasourdi, désespéré.
Il est des jours où
après nos échanges stériles, dévitalisants,
nous nous perdons, chaque fois un peu plus.
Il est des soirs où
je ne sais plus où
te retrouver.
Il est des matins où
je déteste cette solitude à deux
qu'on appelle une relation proche.
Il est des jours... seulement des jours.
Alors je m'appuie sur tous les autres jours,
des jours à inventer chaque jour, toi et moi
pour construire ensemble un avenir à deux.

Communiquer, un besoin vital

«La communication peau à peau, véritable nourriture affective des tout-petits, reste un besoin vital à tout âge. Et ceux qui s'en défendent se privent ainsi des vitamines du corps, des fortifiants de l'âme.»

«Il ne peut pas ne pas y avoir de communication. Communiquer, entre deux personnes, c'est tenter de poursuivre un cycle d'échanges, de transactions (donner/recevoir) absolument vital à l'existence humaine. Dans la vie d'un couple, ce cycle est parfois douloureux, toujours mouvementé, souvent passionnant.»

«Communiquer, être en relation, partager : rien au monde ne nous semble plus important, plus essentiel à l'existence. C'est l'une de nos aspirations les plus vitales, les plus profondes que celle d'avoir le sentiment d'être relié à un ensemble plus vaste, d'être reconnu, d'appartenir à un groupement, à une communauté de langue.»

«Si je désire améliorer ma communication, il faudra d'abord que je m'interroge sur la façon dont j'ai appris à communiquer. Je m'apercevrai probablement que j'ai appris à *incommuniquer*. Je découvrirai que, très tôt dans mon existence, j'ai été dépossédé de ma parole par ceux qui m'aimaient et qui, croyant me comprendre, parlaient pour moi.»

«Si la communication avec autrui est vitale pour chacun, la communication avec nous-mêmes reste essentielle. Il s'agit d'écouter les répercussions de notre histoire récente ou passée sur notre corps et sur notre imaginaire. Il s'agit souvent de sortir de l'autoprivation relationnelle, affective, émotionnelle, qui nous enferme et nous mutile. Les mots du silence sont aussi violents à l'égard de nous-mêmes qu'à l'égard d'autrui.»

«Toute personne qui communique avec le meilleur d'elle-même est à sa façon un agent de changement pour un monde plus libre.»

« Un bon communicateur est surtout un passeur d'émotions, de liberté, de rires et de larmes. Il est aussi un transmetteur de rêves, un stimulateur d'interrogations. »

« Communiquer ne signifie pas autre chose qu'entrer dans le cœur d'un autre. C'est la plus belle façon de vivre une relation. »

Une parole vraie

« Nous savons, les uns et les autres, combien une parole vraie, un mot juste, une phrase appropriée peut servir de passerelle, remplacer un chaînon manquant dans l'errance d'une recherche et permettre ainsi à celui ou celle qui le reçoit de se réconcilier avec son histoire, de mieux comprendre son passé ou son présent, de s'engager avec plus de confiance vers son avenir. Une simple parole qui va permettre à celui qui la reçoit de relier les morceaux épars d'un puzzle et d'accéder à une meilleure compréhension de lui-même. En ce sens, l'écoute de celui qui accompagne est susceptible de guérir ou de restaurer les blessures d'une vie, cela, même en dehors d'une démarche thérapeutique ou analytique. Chacun de nous peut en effet, au quotidien, être porteur de paroles à même de soigner, de réparer, d'apaiser celui qui les reçoit et qui, pour cette raison, les accueillera peut-être comme un cadeau.

Ne vous privez pas de ces paroles, car elles font autant de bien à celui qui les offre qu'à celui qui les reçoit. »

« Les bases d'une communication réelle sont simples à énoncer et infiniment compliquées à appliquer. Elles obéissent à trois positions fondamentales :

- Je reconnais et je confirme l'expression de l'autre comme la sienne, ses sentiments ou avis comme les siens.
- Je m'exprime en parlant de moi, en me positionnant.
- J'ai le désir de mettre en commun ton point de vue et le mien, non en les opposant ou en les confondant, mais en les apposant, l'un près de l'autre, en les confrontant. De là peuvent naître un partage, un échange.

Ces trois positions ont des corollaires immédiats :

- Je ne laisse pas l'autre parler *sur* moi[1].
- Je l'invite à parler de lui-même.
- J'admets que "s'entendre" ne signifie pas avoir le même avis, les mêmes sentiments, le même point de vue.
- J'accepte de différencier ce qui vient de l'autre (et qui lui appartient) de ce que je ressens (et qui m'appartient). »

« Communiquer c'est mettre en commun. Mais qu'avons-nous à mettre en commun ? Soit nos différences, soit nos ressemblances.

S'exprimer n'est pas encore communiquer, c'est un aller simple, et la communication est un aller-retour qui comporte des étapes successives :

- Je m'exprime.
- Je reçois la confirmation que mon langage a été entendu.
- J'écoute l'expression de l'autre.
- Je lui confirme que je l'ai entendu.

Ces séquences apparemment simples comportent des pièges innombrables. L'autre, en effet, ne réagit pas à ce que je dis mais à ce qu'il entend, à la façon dont ma parole résonne en lui, et il y a parfois une énorme différence entre ce que j'ai voulu dire et ce que l'autre a entendu. Et c'est réciproque, bien sûr. »

« Échanger et partager ne veut pas dire se mettre d'accord, mais entendre justement nos différences. Ce qui veut dire aussi pouvoir se rapprocher et quand même pouvoir rester soi-même. »

« Le silence n'est pas toujours d'or. Prendre le risque d'énoncer des mots en direction de quelqu'un peut me permettre aussi de les entendre. »

1. Nous avons inventé cette expression *parler sur quelqu'un* pour décrire une parole faite d'injonctions (« Sois autrement que tu es »), d'explications (« Si tu ne viens pas, c'est parce que tu as peur ») et de déni (Tu n'es pas malheureux, tu as tout ce qu'il te faut »). Différente est la parole d'un autre qui me dit comment il me voit, qui me tend un miroir, certes déformé, mais un miroir quand même. Cette parole-là peut être structurante, elle peut m'aider à mieux me connaître. La différence se situe surtout dans l'intention de celui qui me parle de moi.

Dialoguer… dans l'amour

« Le langage de l'intense est le langage privilégié de la rencontre amoureuse. »

« Dans un couple, apprendre à communiquer au présent, c'est surtout apprendre à mieux se différencier.

Cela veut dire aussi prendre le risque de se distancer des relations passées anciennes et parfois encore proches !

Et encore : prendre le risque de remettre en cause certaines de nos croyances et de nos mythologies personnelles sur l'amour, la femme, l'homme ou la vie. »

« La relation a besoin, pour rester vivante, d'une part de signes concrets — gestes, sourires, actes, mots — et d'autre part de faire elle-même l'objet d'une parole. Elle a surtout besoin d'expression personnalisée et subjective sur elle-même. Les généralisations et les idées, aussi passionnantes, indispensables et vitalisantes soient-elles, ne suffisent pas à nourrir la relation affective.

L'espoir de l'amour, c'est d'être intimement connu pour soi-même et aimé tel quel, mais il apparaît nécessaire que cette reconnaissance de l'autre et de la relation se manifeste, au moins de temps à autre, par des paroles. »

« Je me sens reconnu quand l'autre manifeste par son écoute et par sa parole que ce que je sens, vis et pense a un sens pour moi-même, quand il prend en compte mon vécu sans le nier ou le juger. Il m'est vital aussi que mon partenaire, mon témoin privilégié, soit touché par ce que j'exprime, que mes sentiments aient un impact dans son cœur et son esprit. Mais surtout sans qu'il soit menacé, détruit ou envahi !

Cet équilibre entre l'écoute et la parole est infiniment délicat : si l'autre minimise les impressions que j'exprime ("Ne prends pas cela tellement à cœur, ce n'est pas si important"), je ne me sens pas reconnu. S'il se sent coupable, s'identifie trop ou s'approprie mes sentiments ("C'est tout de ma faute" ou "Ça me déprime que tu vives ça comme ça"), je me sens dépossédé. S'il m'entend sans en paraître le moins du monde affecté, sans se réjouir ou compatir un peu..., je me sens sans importance pour lui.

La juste distance de l'écoute est une donnée fondamentale pour maintenir un dialogue personnel en vie. »

« On dirait que l'indicible, l'absence d'une parole vitalisante et personnalisée, règne plus lourdement encore dans la communication sexuelle que dans toute autre relation.

Ce qui manque le plus, ce n'est pas le sexe, même s'il est défaillant, ce sont les mots pour rapprocher, relier, intensifier et éclaircir les différents langages mis en jeu dans la rencontre sexuelle, dans la relation entre un homme et une femme. »

« Nous savons que le propre d'un besoin, quand il n'est pas confondu avec un désir, est qu'il demande satisfaction et apaisement. À défaut de quoi se développent des besoins secondaires qui, tels des parasites, peuvent envahir l'espace d'une relation et la polluer gravement... D'où les mouvements de fuite, la recherche d'un refuge dans la surdité, la cécité, voire le refus nettement exprimé d'écouter l'autre, qui vont amplifier la demande ou faire que se développent des réactions et des conduites caractérielles qui n'arrangeront pas les choses... Alors que faire ? Peut-être oser dire : "Je ne t'ai pas épousé pour répondre à tes besoins, mais pour grandir avec toi, accéder à plus de maturité, de liberté partagée." Ou encore apprendre à prendre position et à signifier ses limites, ses attentes et ses zones d'intolérance. Cela est possible quand un échange réciproque existe. »

«Dans les expériences que je connais, l'entreprise de tout dire dans une relation amoureuse est un très bon moyen pour la transformer peu à peu en relation d'amitié profonde. Les leurres tombent, les illusions s'effritent et même disparaissent; la colère, le ressentiment et l'espoir reprennent des dimensions raisonnables, le désir devient facultatif.

Détruire peu à peu l'imaginaire pour rencontrer un peu plus de la réalité de l'autre et de soi-même, c'est un chemin laborieux, triste et beau comme la vie. Triste lorsque le mystère, l'inconnu mirifique et la magie diminuent, beau parce que c'est plus vrai. Dans ces vécus, le tout-dire, s'il est réciproque, opère une véritable transformation de la relation amoureuse.»

Écouter, être entendu

«Écouter ne veut pas dire croire.»

«La difficulté n'est pas de dire, c'est d'être entendu.»

«La bonne volonté n'est pas suffisante pour s'entendre et même se comprendre, encore faut-il émettre et recevoir sur la bonne longueur d'onde.»

«Entendre, ce sera aussi recevoir les mots. Mots d'amour et silences d'amour, quand chacun écoute le palpitement de la vie, les ondes du désir et le fragile de l'abandon.»

«J'ai parfois le sentiment que l'écoute active, le fait de se centrer sur celui qui parle au lieu de se laisser absorber par le problème, peut provoquer l'équivalent d'un accouchement. La mise à jour de quelque chose qui serait autrement dans les limbes, dans l'oubli ou dans les replis de l'inconscient. L'écoute centrée favorise l'expression d'une parole plus libre. Un échange de personne à personne, de cœur à cœur, contient comme une autorisation, celle de rendre l'autre plus auteur de sa vie.»

« De l'écoute active et centrée qui suppose concentration et paix intérieure à la simple présence sans paroles, l'art d'écouter réside dans la qualité d'une attention ouverte. Se faire ouïe pour entendre, au-delà des violences du désarroi ou des chuchotements du désespoir, les cris du silence.

Car l'essentielle demande de chacun est d'être entendu, seulement entendu, simplement entendu. »

« Quelqu'un, par la simple écoute d'un autre, se met au monde. Quelqu'un prend le risque de s'aventurer sur le fleuve fragile de son histoire, de se perdre sur des affluents secondaires, de s'épuiser, de se dissoudre ou de se construire en se heurtant à l'indicible, pour accéder au plus près de ses racines ou de ses ancrages. Il découvre au début quelques vérités transitoires, vérités relais provisoires qui vont parfois se révéler des leurres ou des tremplins pour d'autres découvertes, pour d'autres explorations, cheminement sans fin à la recherche de soi. »

« Il est possible de parler sur plusieurs registres :

- partager des idées, des points de vue, confronter des opinions… On le fait généralement entre compagnons de vie ou entre collègues, notamment quand il faut prendre des décisions ;
- s'exprimer, se délivrer d'un trop-plein de préoccupations. On le fait avec beaucoup de naturel chez le coiffeur, à la cafétéria ou sur le bord du trottoir quand on rencontre une oreille disponible.

Cela suppose, chez celui qui écoute, une capacité à se taire et à se décentrer de lui pour se tourner vers l'autre et lui accorder toute son attention. C'est ce que Carl Rogers a nommé l'écoute active : "Oui, j'ai entendu que tu supportes mal que ta fille te réponde grossièrement, cela te blesse dans ton image de mère", ou "Je sens bien combien tu as été atteint par la réflexion de ta collègue, as-tu entendu ce que cela réveillait en toi ?"

Mais il est aussi possible de parler pour mieux entendre ce que l'on veut se dire à soi-même. Car le plus difficile ce n'est pas de dire à autrui, mais à soi.

En matière de relation, il y a rarement une solution toute faite, même si celui qui vous parle semble attendre de vous une réponse claire et définitive. Il n'existe généralement qu'une évolution vers un devenir ouvert au surgissement de l'imprévisible et à toutes les naissances potentielles d'une existence en mutation permanente. C'est bon de parler et de se sentir entendu… »

Malgré les difficultés...

« La communication intime, c'est-à-dire celle qui permet de parler de soi à quelqu'un qui nous écoute et nous reçoit tel que nous sommes, se raréfie. Elle devient si précieuse que beaucoup n'hésitent pas à payer un médecin, un psychologue ou bien un thérapeute pour pouvoir se dire et se sentir entendus. »

« Le difficile dans l'écoute et le partage de l'intimité, ou lors d'un échange vrai, c'est que ce qui en émerge nous renvoie toujours à l'indicible et à l'inexploré de notre propre histoire. »

« Nous envoyons, parfois malgré nous, des signaux négatifs aux personnes qui nous entourent, parce que nous avons soudain l'impression de voir revivre à travers elles des personnes de notre passé. Nos signaux ne s'adressent donc pas à la personne contemporaine, mais à ces gens du passé qui semblent se réactualiser tout à coup devant nous. À partir d'un signe minuscule ou insignifiant, nous pouvons ainsi développer des sentiments négatifs, des jugements de valeur qui nous surprennent, nous indignent, voire nous blessent sans que nous en comprenions le sens, car ce mécanisme est en général inconscient. Ainsi chaque rencontre contient-elle le risque de nous entraîner à naviguer entre plusieurs moments ou états de notre vie, qui peuvent toutefois être autant de révélateurs de nos possibles, si nous acceptons de les entendre. »

L'océanique

La communication a quelque chose d'océanique
dans ses flux et reflux :
s'ouvrir, se fermer
parler, se taire
avancer, reculer

HAUTE VOLTIGE AFFECTIVE

C'est lorsque les sentiments exprimés par notre interlocuteur nous concernent que la communication devient fragile, craintive ou bloquée : il est alors pratiquement impossible d'entendre simplement l'autre en se décentrant de soi. La réaction affective de l'écoutant l'empêche de reconnaître et de recevoir les sentiments exprimés par son partenaire. Car savoir écouter signifie pouvoir faire taire en soi, momentanément, des sentiments qui se bousculent, et dans l'échange amoureux, c'est un exercice de haute voltige affective : il faudrait ne pas être amoureux pour y parvenir !

En témoigne ce fragment de dialogue entre deux jeunes gens :

— Tu viens chez moi ce soir ?

— Non, ce soir je préfère être seul.

— Oh ! quand même ! Qu'est-ce que ça signifie ? Tu n'as pas envie d'être avec moi ? Depuis une semaine nous nous sommes à peine rencontrés. Tes « non » me blessent.

— Ne réagis pas comme ça ! Si tu t'emportes ainsi je vais me sentir coupable, je n'oserai plus te dire mes vrais désirs.

— Moi je m'emporte, je suis comme ça et je veux pouvoir exprimer ce que je ressens. Si je dois te ménager en cachant mes blessures, je ne peux plus être moi. Accepte mes réactions, cela ne veut pas dire que tu doives changer de projet. Le plus horrible, ce serait que tu me dises oui si tu as envie de dire non.

— Alors accepte aussi que je supporte mal que tu t'emportes. Tu sais que je me sens mal dans les conflits, mais cela ne signifie pas que je te demande de cacher tes sentiments.

— Maintenant je me sens coupable que tu te sentes coupable de m'avoir blessée...

— Et moi je suis coupable que tu sois coupable que je sois coupable...

Le dialogue s'acheva dans le rire et la tendresse : malgré l'intensité des enchaînements réactionnels, chacun était parvenu à entendre l'autre et à se dire. Sans changer de position pour protéger l'autre, et sans renoncer à sa propre expression.

En arriver à ce type d'échange et rester entier dans la relation, cela suppose la cohabitation de deux désirs très forts : rester ensemble et rester soi-même.

***

CONFLIT *conflit*

«La plupart des conflits qui nous animent sont de nature intrapersonnelle et non interpersonnelle comme nous le pensons trop souvent. Je vis un conflit intrapersonnel quand je me sens pris entre plusieurs désirs et que je ne parviens pas à choisir lequel réaliser. Un conflit intime peut surgir quand je reste, presque malgré moi, dans une relation que je ne sens pas bonne pour moi, qui ne correspond pas à mes aspirations, qui me frustre, ou quand je suis en attente d'un changement… chez l'autre. Changement qui ne vient presque jamais!»

«Le conflit intrapersonnel le plus fréquent provient du décalage entre mes expectatives et les réponses de l'autre ou de mon entourage. Ce conflit est le plus souvent alimenté par des frustrations et des espoirs déçus.»

« La peur du conflit est liée à deux composantes relationnelles : l'image de soi et l'angoisse de réveiller des blessures enfouies. En voulant se montrer compréhensif, tolérant, bienveillant (bonne mère, bonne épouse, bon mari, bon fils), on veut donner (imposer) aux autres une image de soi, mais cette image nous prend au piège et nous oblige parfois à accepter (et à subir) l'intolérable. L'angoisse diffuse qui nous saisit à l'idée de déclencher une réaction négative (violence ou agressivité), un rejet ("Je te déteste") ou un jugement de valeur ("Tu es égoïste, tu ne penses qu'à toi") nous renvoie parfois à des situations douloureuses ou traumatisantes de notre passé (liées au besoin d'être reconnu, accepté inconditionnellement) qui nous empêchent de nous positionner, d'être en accord avec nos valeurs, et nous contraignent à nous laisser définir par les désirs et les attentes de l'autre. »

« Désir et peur de la dépendance, dominer ou se soumettre, sont les deux pôles du conflit intérieur de chacun. »

« Entre besoin d'approbation et besoin d'affirmation, voire d'opposition, peut s'installer une lutte intime intrapersonnelle. »

« Ceux qui, pour réduire magiquement l'intensité du conflit, parviennent à enfouir et à nier leurs désirs et leurs besoins ressemblent un peu à des morts vivants. »

« Faire varier la distance et prendre le risque d'affronter des conflits est quelque chose de sain, de nécessaire à la vie d'un couple. Le conflit ne doit pas être nié ou étouffé, car il est créateur de dynamisme et oblige à faire appel à de nouvelles ressources chez l'un et l'autre des partenaires. »

« Prendre le risque d'un conflit ouvert est aussi une source d'ouverture qui nous permet de grandir de l'intérieur, à condition que nous acceptions de renoncer à nourrir la belle image de soi. »

« La plainte sur soi-même est le gémissement d'une âme tiraillée entre les diverses forces qui la constituent, la dépassent et lui échappent. »

LES LIVRES DE COMPTES… AFFECTIFS

Il s'agit de ces livres de comptes, tenus dans certains couples ou relations intimes, où sont soigneusement comptabilisés, sur la page de droite, « Tout ce que j'ai fait pour toi », et sur la page de gauche, « Tout ce que tu n'as pas fait pour moi ».

Ils sont tenus à jour avec une grande méticulosité par les partenaires conjugaux ou les compagnons de vie, le plus souvent à l'insu de celui qui les alimente. Certains, ne reculant devant aucun sacrifice, ont en plus un petit carnet où sera noté « Tout ce que tu aurais dû faire pour moi, si tu m'avais réellement aimé ! ».

Vient un jour où, au petit matin, après un geste ou une parole maladroite, celui, celle qui tient le livre de comptes s'écrie triomphalement : « Tu n'as pas changé. Tu es toujours le même. Tu es aussi têtu que cette fois-là (il y a 10 ans…) quand tu n'avais pas voulu reconnaître que tu t'étais trompé de chemin, alors que c'était moi qui avais raison ! Vraiment tu n'as pas changé, tu n'en fais qu'à ta tête ! Comme la fois où je t'avais dit de ne pas faire confiance à ce vendeur de voitures, mais non, tu as quand même voulu acheter cette folie, et trois mois après c'était une réparation de 2000 euros ! Et qui a payé ? C'est moi ! la bonne poire… »

J'ai moi-même été stupéfait quand celle avec qui je partageais ma vie à ce moment-là s'est exclamée, en réponse à mon invitation de faire un détour de quelques kilomètres pour aller voir un ami proche : « Ah ! non alors, je ne vais pas t'accompagner chez ton copain, faire un détour de 10 kilomètres sur le chemin des vacances, alors que toi, il y a 15 ans, tu as refusé de faire 5 kilomètres de plus pour que je puisse embrasser ma sœur ! »

Ainsi découvrez-vous avec un étonnement non simulé et un peu d'admiration (voilée d'amertume) que votre partenaire a une véritable mémoire d'éléphant, que ses comptes sont incroyablement détaillés : pas un seul reproche, pas une seule déception ou accusation ne manque. Vous vous apercevez que vous vivez sans le savoir avec un être à l'œil aigu, aussi avide que celui d'un nouveau-né à qui rien n'échappe !

Vous avez quand même du mal à croire que votre bien-aimé(e) a su maintenir ainsi au chaud et durant tant d'années des ressentiments, des rancœurs, des accusations triomphalistes, autant de reproches non digérés, liés à un petit refus de votre part, à un oubli sincère, à une maladresse involontaire, voire, pourquoi pas, à un reste de pingrerie que vous tenez de votre mère et auquel vous êtes attaché (pas à la mère, à la pingrerie !) : « C'est bien toi qui m'avais presque obligée à rester dans le wagon de première pour être près de toi. Tu te rappelles, c'était la première fois que nous partions ensemble. Je n'avais qu'un billet de seconde et quand le contrôleur m'a imposé une amende, tu n'as même pas proposé de la régler pour moi ! On venait de faire l'amour pour la première fois, deux heures avant. Tu étais si pressé ! Je m'étais donnée à toi corps et âme, et toi qui voyageais toujours en première et qui savais mes difficultés, tu m'as laissé payer… Ça, tu vois, je l'ai toujours en travers de la gorge. » Elle l'a tellement en travers de la gorge qu'elle n'hésite pas à tousser pour montrer combien il a été, lui, cruel et inconscient ! Elle n'ajoute pas : « Depuis, tu vois, chaque fois que nous faisons l'amour, je repense à cela ! » mais il peut le lire dans ses yeux et comprendre ainsi l'origine de la monotonie de ses ébats amoureux !

Les livres de comptes affectifs sont pour celui qui les tient un compagnon fidèle, rassurant, extrêmement obligeant. Comment sont-ils tenus à jour, à quel moment sont notés ces « petits riens » qui vont devenir de « vrais quelque chose », je ne le sais pas. Ils servent surtout à soutenir l'accusation et la colère quand celles-ci mollissent, fatiguent, auraient tendance à se désamorcer : « Et en plus je pourrais te dire tout ce que moi j'ai fait pour toi durant toutes ces années de vie commune. Toi, j'en suis sûre, tu ne t'en rappelles même pas du dixième ! »

Dans ces livres de comptes sont surtout relevées les frustrations et les déceptions liées à des demandes. La pire des frustrations, la reine des déceptions est généralement due à une demande implicite, qui n'a jamais été exprimée, mais dont votre partenaire pense que vous auriez justement dû l'entendre, voire la combler : « Je sais, je ne t'ai rien demandé ce soir-là, mais j'aurais aimé que tu y penses, que tu m'invites de toi-même sans que j'aie besoin de le dire, que tu devines que j'en avais envie. »

Dans les livres de comptes affectifs, ce n'est pas tant la réalité du fait qui importe mais l'intention maligne, blessante, prêtée à l'autre. En fait, il existe une sorte d'auto-disqualification (insupportable) de soi-même qui ne peut trouver réparation que dans la critique de l'autre.

Ainsi certains couples (pas le vôtre !) amassent-ils au cours des ans un solide contentieux qui sera libéré ou explosera dans les moments les plus inattendus de la vie ; le plus souvent quand il y aura un public, car celui qui tient le livre à jour a besoin de témoins pour valider la justesse de ses reproches ou de ses accusations et montrer à tous que l'homme (ou la femme) avec qui il vit ne mérite pas d'être aimé, admiré, voire fréquenté.

Certains lecteurs se demanderont peut-être qui oserait être assez puéril ou sordide pour tenir une telle comptabilité. Vraiment, qui aurait une telle faiblesse dans un couple où ne devrait se partager que de l'amour ? Je les laisse chercher autour d'eux et en eux…

***

CONSCIENCE

Nous croyons savoir tant de choses…

Nous savons aller vers les étoiles,
mais nous ne savons pas respecter le ciel
et encore moins l'immensité du cosmos.
Nous savons parler d'amour,
mais nous avons tant de difficultés à aimer
dans le respect de l'autre et de soi.
Nous savons fabriquer du pain,
mais nous avons du mal à le partager.
Nous savons faire des enfants,
mais nous peinons à les élever.
Nous savons créer des œuvres d'art,
mais nous avons tendance
à saccager la beauté.
Nous savons prévoir le temps,
mais nous violentons la nature.
Nous savons nous émouvoir
de la misère du monde,
mais nous gaspillons le meilleur
de nos ressources en productions inutiles
et en objets dérisoires.
Nous savons soigner avec une
redoutable efficacité,
mais dans beaucoup de cas nous
ne savons pas encore guérir.
Nous savons déclencher des guerres
et les entretenir longtemps,
mais nous avons tant de mal à oser
vivre en paix !
Nous savons greffer des cœurs
et des mains,
mais nous manquons de confiance
dans la relation avec notre propre corps.
Nous savons modifier des plantes,
cloner des animaux, mais nous détruisons
des milliers d'espèces chaque année.
Nous savons nous déplacer de plus
en plus vite, de plus en plus loin,
mais nous mettons tellement d'obstacles
qui nous empêchent de communiquer
avec ceux qui nous sont proches.

Nous savons que nous savons beaucoup,
beaucoup de choses, mais nous ne savons
pas encore que nous ne savons pas l'essentiel,
à savoir le respect de la vie sous toutes
ses formes.

« En matière de relations humaines, la prise de conscience est souvent nécessaire mais elle n'est pas suffisante : ce matin j'ai pris conscience que mon pneu arrière gauche était à plat. Cela ne l'a pas pour autant regonflé… »

« J'ai eu l'occasion de prendre des milliers de décisions dans ma vie dont la plupart m'éloignaient de moi. Il est temps que je me rapproche le plus possible de la personne qui m'habite… »

« Je suis toujours émerveillé de voir comment, à partir d'un élément déclencheur vécu directement ou indirectement, peut s'amorcer un processus de conscientisation, une démarche de changement, un parcours pour un mieux-être, et surtout une aspiration plus grande à se respecter.

Ainsi, chacun de nous, à un moment ou à un autre de son existence, peut partir à la rencontre de sa vérité. Les chemins sont multiples (mais il convient de faire le choix d'une approche fiable), labyrinthiques (surtout), chargés de peurs et de doutes (ô combien !), de résistances (à chaque instant) et de découvertes (étonnantes et stimulantes). Ce travail sur soi, nul ne peut le faire à notre place, nul ne peut y être obligé, mais chacun peut se sentir suffisamment concerné pour l'entreprendre quand il sent que, pour lui, pour elle, le moment est venu. »

« La prise de conscience de notre propre responsabilité dans ce que nous vivons peut nous donner un sentiment de liberté inouï même si, dans un premier temps, nous nous sentons prisonniers de nous-mêmes et non plus de l'autre. »

« La conscience implique d'exister dans l'ici et maintenant et non dans l'ailleurs, le passé ou l'avenir. »

« Pour moi, aujourd'hui, l'ultime combat ne consiste pas seulement à me respecter en refusant de participer à la lente dégradation et stérilisation du vivant, mais à rester vigilant de façon à maintenir ma conscience éveillée, à lutter contre les facilités d'une conscience que je voudrais apaisée alors qu'elle s'est endormie. »

CORPS *corps*

La plus belle des demandes

La plus belle des demandes
est celle que j'ai attendue longtemps, longtemps...
La plus belle des demandes
est celle que j'ai reçue de toi.

« Conduis-moi vers le plaisir,
accompagne-moi à la rencontre
de tous mes sens.

Sur les chemins ouverts de mon corps
ne me précède pas,
suis-moi vivace
vers ta joyeuseté,
mon tout tendre.

Regarde-moi à plein regard,
surprends-moi par tes attentions,
étonne-moi par tes caresses,
emporte-moi au plus loin de mes possibles. »

La plus belle des demandes
est celle que j'ai reçue de toi.

«Le corps est un univers infini. Une vie ne suffit pas pour en découvrir toutes les plages, les forêts, les rivières et tous les océans. D'autant plus que ce paysage se modifie sans cesse au fil des ans.»

«Peut-être faut-il le rappeler: c'est avec notre corps que nous passons l'essentiel de notre vie. C'est avec lui que nous irons jusqu'au bout de notre existence. C'est donc avec lui aussi que nous avons à établir une relation suffisamment stimulante, bienveillante et respectueuse pour qu'il se sente bien en notre compagnie!»

«Il faut prendre soin de son corps pour que l'âme s'y sente bien.»

«En quittant, intérieurement, les liens de chair qui nous ont unis à nos parents, nous reprenons possession de notre corps et de notre désir pour les investir dans une féminité ou une masculinité adulte.»

«La parole libre sur le corps est rare, précieuse, elle est chantée par les poètes, elle est murmurée par tous ceux qui se cherchent, se perdent ou se rencontrent.»

«Dans la rencontre amoureuse, c'est tout notre corps qui devient une oreille grande ouverte, captant tous les signes, sensible à chaque vibration.»

«Le langage des sens est une invitation permanente à agrandir, à approfondir l'intimité. Humer, boire, lécher n'est pas s'approprier, c'est d'une certaine façon restituer toutes ses dimensions au corps de l'autre.»

«La rencontre des corps est possible quand chacun accepte de montrer à l'autre où et comment c'est bon pour lui. Lorsque chacun accepte de dévoiler sa fragilité et sa vulnérabilité ainsi que l'intimité de son ignorance de l'autre et de soi.»

«Le plus beau des cadeaux d'amour que nous puissions faire à notre partenaire, c'est l'offrande de la liberté de notre corps, quand nous le lui proposons entier, abandonné, dégagé de ses retenues, quand nous lui permettons de le découvrir à sa guise, de s'éblouir de l'intime de l'autre et de soi révélé dans le donner et le recevoir.»

«Le corps parle chaque fois qu'un désir ou une absence de désir n'a pas pu s'énoncer ou se faire entendre clairement. Le corps parle quand il ne se sent pas respecté par son principal occupant: soi-même. Il est important de rappeler que de nombreuses somatisations sont des signaux amicaux envoyés par notre corps pour nous avertir, pour nous alerter si nous ne le respectons pas.»

«À trop se sentir bafoué, le corps parfois se révolte. Il utilise alors le seul langage qui lui permette de se faire entendre, le langage des maux... en payant parfois un prix fort: une maladie grave ou durable.»

LA MÉMOIRE DU CORPS

Richard est un homme de 51 ans. Sa mère vient de mourir. Il est arrivé de Provence pour veiller le corps de cette femme qu'il a aimée et haïe, recherchée et fuie, désirée et rejetée. Gabrielle, une amie de sa mère, est là. Pendant une partie de la nuit, ils vont parler. Ou plutôt, Gabrielle va parler, et Richard va découvrir ainsi, j'ai envie de dire enfin, l'essentiel de son histoire.

Il avait pu se réconcilier avec sa mère quelques mois avant qu'elle disparaisse : « J'ai fait la paix avec elle, avec moi aussi par la même occasion. Pendant des années, je lui ai reproché de ne pas me parler, de ne rien me dire sur mon enfance, juste quelques bribes lâchées à regret. "Tu étais un enfant violent et sage, me disait-elle.

– Comment ça, violent et sage ?

– Oui, parfois tu t'emportais, tu criais, mais la plupart du temps tu étais tranquille. Un enfant sans problème... Mais ce n'est pas la peine de parler de tout cela. Je t'ai élevé normalement..." ».

C'est ce mot, « normalement », qui était longtemps resté en Richard, comme une interrogation tenace.

Et voilà que Gabrielle lui apprend que quelques mois après sa naissance, sa mère, en difficulté à Paris, l'a placé chez une nourrice en Bretagne, et que c'est elle, Gabrielle, qui a accompagné le bébé en train pour ce premier voyage. Mais ce bébé ne connaît pas cette inconnue qui le porte, le berce, lui donne à boire. Dans le wagon, il pleure, il appelle sa maman. Gabrielle est très embarrassée, elle agite un biberon à moitié plein devant le visage convulsé de désarroi du bébé. C'est en 1942, il y a des soldats allemands dans le wagon qui commencent à s'énerver, à s'agiter, à s'approcher du bébé. Et puis l'un d'eux propose de lui donner une gorgée de bière. Tout le monde rit, le bébé boit la bière, et avec un peu de mousse au coin de la bouche, il s'endort bientôt.

Richard entend ainsi, plus de 50 ans plus tard, pourquoi chaque fois qu'il a un problème, une angoisse, un choc affectif, un conflit avec sa femme ou ses enfants, pourquoi, lui qui ne boit jamais de vin ni d'alcool, se retrouve devant une bouteille de bière, puis une deuxième et parfois une troisième.

De la bière, seulement de la bière. Il est stupéfait de découvrir comment ce souvenir oublié, cette douleur engrangée lors de la séparation d'avec sa mère, que cette femme qui l'a connu bébé vient de lui rappeler, sont demeurés enfouis en lui depuis lors ; stupéfait de voir comment son corps d'homme a gardé la trace vivante, toujours vivace, de sa détresse de bébé qui s'était exprimée dans un train et un environnement hostile et comment cette détresse, bien qu'anesthésiée, était restée si présente dans sa mémoire – au point qu'elle réclame encore d'être entendue dans les moments difficiles de sa vie d'adulte.

***

COUPLE *couple*

Je ne te demande pas

Je ne te demande pas
plus d'amour pour moi,
je te demande plus
de tendresse pour toi.

Je ne te demande pas
plus de possibles pour moi,
je te demande plus
de liberté pour toi.

Je ne te demande pas
plus de présence pour moi,
je te demande plus
d'intérêt avec toi.

Je ne te demande pas
plus de soins pour moi,
je te demande plus
de partage ensemble.

Je ne te demande pas
plus de désirs pour moi,
je te demande plus
de désirs en toi.

Je ne te demande pas
plus de vie pour moi,
je te demande plus
de plaisirs en toi.

Je ne te demande pas
de tout me donner,
je te demande d'oser
le meilleur de toi.

Je ne te demande pas
de ne pas me demander,
je te demande d'inventer
des demandes.

Une succession de crises…

« Toute relation amoureuse, et toute relation de couple qui parfois en découle, commence sur un malentendu. La Rencontre, c'est le temps de tous les espoirs fous, l'illusion que l'incomplétude fondamentale de chacun va être comblée, le mirage d'une réparation possible des blessures de la naissance (être comme l'autre et être tout pour l'autre) et des blessures de l'enfance (exister, être reconnu, compris, entendu), avec la possibilité d'établir cela dans une durée infinie.

La littérature de tous les temps montre que cet état amoureux se maintient difficilement dans la durée. Mais à cela, un amoureux averti répond : "Je le sais, mais je n'y crois pas." Et beaucoup vont en tenter la démonstration en créant un couple. »

« Le couple a une "personnalité" différente de la personnalité de chacun des partenaires. »

« Constituer un couple, se marier POUR ou CONTRE l'image de son père, de sa mère, de ce couple-là (qu'étaient les parents), cela revient au même car on demande à l'autre, de toute façon, plus ou moins consciemment, de changer pour être plus ou moins contraire, plus ou moins semblable.

Ce qui fait beaucoup de demandes contradictoires adressées à l'autre à travers un désir multiforme : mes parents (ou les personnes significatives qui ont traversé et structuré mes premières relations)

- tels qu'ils étaient ;
- tels qu'ils auraient dû être ;
- tels qu'ils avaient peur d'être.

Pas moyen d'échapper tout à fait à ses "désirs anciens". »

« La vie de couple peut se comprendre, comme toute existence d'ailleurs, comme une succession de crises allant du conflit ouvert à la séparation, de l'affrontement à la remise en cause, avec, dans les meilleurs des cas, des plages, des paliers de plénitude, des temps de créativité et d'enthousiasme. »

« Vivre en couple, c'est prendre le risque terrible d'institutionnaliser des sentiments, de structurer une relation, de développer des systèmes pour échapper aux contradictions. Cela se fera par toute une succession d'épreuves à traverser — épreuves imposées à nous-mêmes, à l'autre par l'autre et par l'environnement. L'échec ou l'évitement de ces épreuves entraînent le renoncement, la pétrification ou l'hibernation des relations et souvent le “désamour”. La rencontre de ces épreuves, leur prise en compte dans la relation et leur dépassement développent une vitalisation, une re-élaboration de la vie en couple. »

« Un couple est un champ de forces où se confronteront des mouvements de rapprochement, des forces de cohésion, voire de fusion (comme dans la rencontre sexuelle ou dans le vécu partagé de situations difficiles), mais aussi des forces de mise à distance, voire d'éclatement et de rupture. La rupture survient lorsqu'une intimité commune s'avère impossible à atteindre, ou lorsqu'elle empiète trop sur le besoin d'une intimité personnelle, tenue en réserve. »

« Le désir de changement se porte fréquemment sur l'autre. Il est bien difficile de prendre conscience que, dans un couple, l'interaction des relations de cause à effet enchevêtrées dépend toujours des deux partenaires.

La relation est circulaire et il est souvent vain de rechercher qui a commencé, mais il est plus intéressant de découvrir comment les deux entretiennent cela.

Les malentendus, les erreurs, les tâtonnements, comme aussi les rencontres et le partage, se passent entre deux personnes, et ne peuvent pas être le fait d'une seule. »

« La relation d'amour, qu'il ne faut pas confondre ici avec l'état amoureux, nous oblige à reconnaître que nos désirs multiples ne seront jamais comblés par l'autre, ni les siens par nous. Et les réactions de cet autre nous aident grandement à prendre conscience de nos ombres et de nos fragilités, comme aussi des élans et des tendresses en nous. Nous sommes acculés à entendre que le mal ne vient pas des autres, mais de nos propres manques, de notre attente toujours déçue que la complétude nous vienne de l'extérieur, nous soit procurée par des biens — oui, ce sont réellement des biens — matériels, sensoriels, affectifs, esthétiques, honorifiques, moraux ou intellectuels, apportés ou offerts par autrui ou par les circonstances. »

«Renoncer à changer l'autre. Renoncer à être changé par lui. Je ne peux changer mon partenaire, mais je peux changer les enjeux de ma relation à lui (en particulier en acceptant de perdre certains bénéfices secondaires liés à ma souffrance ou à la sienne).

Renoncer aussi dans le couple à l'illusion de vérité. Travail difficile, douloureux, effrayant dans la désolation de certains passages. Mais quel chemin étonnant! "Je me débats avec mes contradictions et toi aussi avec les tiennes — notre rencontre reste possible en faisant confiance à nos ressources."

Renoncer à tout savoir, en acceptant ses zones de mystère, ses plages de silence, ses enthousiasmes... pour tout ce qui n'est pas moi.»

«Les tâches ménagères prennent beaucoup d'importance, car elles deviennent le symbole d'un rôle et d'un statut. C'est pendant les premières semaines de vie commune que s'installent les habitudes et les responsabilités ménagères. Les traditions sociales attribuent ce domaine à la femme, et le partenaire qui aide se sent magnanime. Souvent, dans ce domaine, l'homme vit en plein leurre: "il aide", "il participe", mais il *ne partage pas* comme le souhaiteraient de nombreuses femmes. Si les rôles de l'homme et de la femme peuvent devenir flexibles et interchangeables, les travaux quotidiens retrouvent leur importance secondaire. Ils sont alors dégagés de l'énorme charge affective qui en fait parfois un champ de bataille.»

«Les différentes façons d'éviter le dialogue sont liées aux nombreuses peurs qui existent dans un couple: peur de recevoir un refus, risque d'être jugé, rejeté, dévalorisé si on ose dire sa demande, peur de ne pas être compris, de ne pas savoir dire, peur de blesser l'autre.»

«Certains couples vont se construire autour de différents malentendus à propos de sentiments (qui ne sont pas toujours réciproques), de rêves de vie (qui ne sont pas toujours semblables), de projets ou d'attentes (qui ne sont pas toujours conciliables).

Il arrive que des couples se créent autour de la peur, chez l'un, d'être abandonné, quitté.

D'autres encore autour d'une croyance, celle de prouver (aux parents, par exemple) qu'il est possible de faire durer une relation. Il existe bien d'autres enjeux qui ne sont pas toujours clairement conscientisés et qui vont se dévoiler plus tard, nécessitant des ajustements, des remises en cause, voire des séparations.»

«Le dialogue figé est fondé souvent sur un non-dit. Il ne semble pas possible d'aborder les déceptions vécues, l'agressivité inévitable, liée aux frustrations, les désirs pour d'autres expériences. Qui n'a jamais imaginé la mort de son conjoint ou la dissolution du couple avec crainte et envie? Mais qui ose le dire? La peur de blesser, la peur d'être rejeté est à l'origine de bien des "silences" de couple.»

«Deux moments clés rythment la vie d'un couple et d'une famille. Les instants qui précèdent la séparation du matin, juste avant de partir au travail ou à l'école, quand chacun se prépare, s'agite, bouscule les autres et parfois s'irrite de ne pas trouver sa clé de voiture, son cartable, son imper… Et les retrouvailles du soir, quand chacun rentre du travail plus ou moins fatigué, absorbé par des soucis ou des problèmes non résolus à son entreprise, ou au lycée.

Prendre le temps de se séparer, en étant réellement présents et non déjà, par anticipation, dans les embouteillages, me semble important et nécessaire pour la qualité de la relation de couple. Cela nous permettra, la journée durant, de rester habités par la présence bienveillante de l'autre en nous.

Le soir, au retour, prendre le temps de nous retrouver, de poser notre serviette, nos sacs, de libérer nos mains et notre tête pour rencontrer l'autre, celui (ou celle) avec lequel nous allons passer la soirée et partager l'intimité de la nuit, me paraît tout aussi essentiel. Il suffit parfois de peu: enlever notre manteau, nous laver les mains ou prendre une douche pour nous laver du pas bon du monde extérieur qui s'est déposé en nous et que nous avons engrangé malgré nous. Cela nous rend disponibles à l'accueil de l'autre, à la rencontre.

La qualité d'une soirée, celle d'un abandon amoureux, dépend beaucoup de la façon dont on se sera quittés et de la manière dont on se sera retrouvés. Parce que nous n'aurons pas été attentifs, prévenants ou disponibles à ces deux moments clés, nous risquons de saboter, d'une part une grande partie de notre disponibilité pour la journée à venir, et d'autre part la possibilité d'un échange ou d'un partage joyeux, à deux, durant la soirée qui suivra.

Prenons soin de bien quitter ceux que nous aimons, et accordons-nous le temps nécessaire pour les retrouver.»

… et un cadeau de la vie

« Dans un couple, peut-être que l'important n'est pas de rendre l'autre heureux : c'est de se rendre heureux et d'offrir ce bonheur à l'autre. »

« La vie nous oblige à sortir du mythe qu'il suffit de s'aimer pour bien vivre ensemble. Car les sentiments doivent s'actualiser dans des relations qui, elles, obéissent à des lois et à des enjeux peu connus. Il est toutefois possible de les connaître, en partie du moins, grâce à beaucoup de vigilance et d'efforts.

Tous les amoureux savent cela mais peu y croient avant d'avoir fait à leur tour le parcours du combattant. »

« Une relation de confiance, régie par le plaisir du don, la gratuité de l'élan et les inventions de la tendresse, devient insurrection dans une vie d'habitudes. »

« Pour moi, la relation de couple sera avant tout une relation d'espérances, fondée sur des attentes mutuelles, comblées ou non. Dans laquelle un seuil minimal de satisfaction sera nécessaire pour maintenir le couple… en VIE. En effet, au-delà de la rencontre, au-delà du partage et de la mise en commun, l'existence même, la croissance du couple dépendront du degré de satisfaction obtenu de l'autre par chacun. Et surtout de la reconnaissance et de la satisfaction de ce que chacun estime être ses besoins fondamentaux. »

« La relation amoureuse et son développement en relation de couple nous confrontent à un défi, celui de supporter le passage de l'illusion exaltante à la réalité. Mais aussi au *challenge* passionnant d'inscrire dans la durée, le partage et l'agrandissement mutuels de deux êtres qui, après s'être rencontrés, vont tenter de s'allier, de se relier pour traverser ensemble et entiers un espace de vie. »

« Ce ne sont pas les sentiments, aussi profonds et réels qu'ils puissent être, ni l'amour, aussi vivant soit-il, qui maintiennent deux êtres ensemble dans un couple au fil du temps.

Ce n'est pas non plus la seule intensité de la passion ou le seul velouté de l'affection qui permettent à deux êtres de s'épanouir et de croître ensemble dans la durée, face aux aléas quotidiens d'une vie commune. Au-delà de la rencontre et plus loin que l'amour, c'est la qualité de la relation qu'ils seront capables ou non de se proposer l'un à l'autre, qui donnera la liberté à ces deux êtres de former un couple durable fondé sur la consistance et la continuité de leur lien... »

« Vivre le couple dans la durée, dans une relation de créativité, ce sera avant tout prendre le risque de me positionner le plus clairement possible dans mes attentes, mes apports et mes zones d'intolérance ou de vulnérabilité.

Ce sera proposer à l'autre de se définir, de s'affirmer aussi dans ses demandes, dans ses attentes et dans ses zones d'intolérance ou de vulnérabilité.

Ce sera encore accepter de découvrir avec émerveillement ou avec malaise le possible ou l'impossible d'une relation vivante toujours à construire, à entretenir et à développer avec celui qui m'a choisi, que j'ai choisi.

Toute relation contient une part d'aléatoire, d'imprévisible, une part d'inconnu liée aux évolutions, aux révélations et aux rencontres qui parsèment toute existence.

C'est le risque inhérent à toute forme de vie.

Un risque d'autant plus réduit qu'il sera pris en compte par un regard lucide porté sur la réalité et par le recours à des repères et à un traitement préventif des maladies de l'amour et du désamour.

La communication participe à cette prévention. »

« Une relation de couple est capable de durer mais il faut un peu d'arithmétique pour ce faire. Il faut déjà être deux et pour être deux, il faut avant tout avoir été au moins un entier. »

« Dans un couple, l'harmonie n'est pas de tout faire ensemble mais de pouvoir partager ensemble un maximum en osant vivre parfois pour soi... en dehors de la proximité immédiate de l'autre. »

« Nous n'avons pas à proposer à l'autre d'être un compagnon de solitude, mais un partenaire pour une vie d'échanges, de partages et de découvertes mutuelles. »

« Une vie de couple est un cadeau dans le sens où elle invite à une remise en question continue pour se dépouiller d'habitudes et de certitudes, pour s'ouvrir à la découverte de l'imprévisible. »

« Trouver la bonne distance avec l'autre, c'est d'une part pouvoir partager le maximum d'expériences ensemble, d'autre part pouvoir préserver une liberté d'être qui sauvegarde les aspirations profondes de chacun. »

Déclaration d'amour

Je vous aime sans manque, dans le plein de vous
Je vous aime au plus près de mes possibles
Je vous aime dans la ferveur de la rencontre
Je vous aime même à distance
Je vous aime apaisé de vous savoir
Je vous aime heureux de vous rêver
Je vous aime dans chaque instant
de nos partages
Je vous aime tout court
Et bien sûr ce n'est pas suffisant pour dire encore tout ce qui m'habite et m'emporte

LE MARCHAND DE ROSE UNIQUE

Il fréquente les mêmes restaurants que moi, pas pour les mêmes motifs, bien sûr ! Il connaît bien les garçons et les maîtres d'hôtel, ceux qui l'acceptent, ceux qui échangent un mot, ceux qui le tolèrent et ceux qui le rejettent, voire le chassent d'un coup de torchon plus ou moins discret... Il a préparé avec soin ses roses, chacune dans un emballage de cellophane. Il s'adresse en priorité aux hommes accompagnés, guignant de l'œil la femme, sollicitant son soutien, un mouvement d'intérêt qui stimulerait l'homme à lui offrir une rose.

Le plus souvent, le regard des hommes effleure le marchand sans le voir. Un mouvement de tête négatif indique que la rose est inopportune dans l'état de la relation, qu'elle dérange l'échange, parasite ce qui se passe entre les deux convives. Combien de conditions favorables faut-il pour qu'un homme en train de dîner et de parler offre une rose à une femme, que celle-ci l'accueille et que la rose parvienne jusqu'à un vase ? Si toutefois elle n'a pas été oubliée dans un taxi ou sur la table du restaurant !

J'imagine parfois la vie du marchand de roses. Il prévoit de traverser quelque trente à soixante restaurants durant la soirée afin de pouvoir affronter ses dépenses courantes, son loyer, et tout ce qu'il doit acheter pour manger à sa faim. Il doit lui arriver de se retrouver à minuit ou à une heure du matin avec un bouquet de quinze à vingt roses invendues, qu'il devra mettre dans sa baignoire ou dans une cuvette afin de les maintenir fraîches et présentables jusqu'au lendemain...

Le chemin parcouru par une rose pour honorer son destin, être un signe d'amour ou d'attention affectueuse, est périlleux, labyrinthique et plein d'imprévus ! Acheter, prendre, offrir une rose, c'est accueillir un peu d'espérance, c'est faire place à un peu plus de vie l'espace d'un instant.

Je me souviens du jour où ce fut Elle qui m'offrit une rose. Nous venions d'avoir un échange un peu vif et je commençais, selon mon habitude (à cette époque-là), à me replier, à me refermer et donc à gâcher notre soirée. En ce temps-là, j'étais un spécialiste de l'autosabotage et de l'autoprivation. Quand justement elle prit une rose au marchand qui passait, elle écrivit sur un morceau de nappe ces quelques mots : « Il arrive parfois aux épines d'avoir des roses ! » Elle m'offrit le tout et elle éclata de rire en voyant mon air perplexe, m'embrassa en me disant : « J'aimerais être aimée même quand je sors mes épines ! » Aujourd'hui encore, quand je reçois ou que j'offre des roses, je songe à cette rose-là... Oui, il arrive parfois aux épines d'avoir des roses.

***

DÉSIR *désir*

Toi, mon infinitude

Toi
mon désir-cri
mon regard-éveil
mon espace-ventre
mon envol-rencontre

Toi
mon désir-île
ma femme-vent
ma brisure-sel
ma nostalgie-sable

Toi
mon désir-pollen
mon plaisir-miel
ma tendresse-abeille
ma folie-soleil

Toi
mon désir-racine
mon regard-présence
ma main-silence
mon sexe-étoile

Toi
mon désir-germe
mon évidence-chair
mon instant-éclair
mon innocence-flamme

Toi
mon désir-gerbe
mes jambes-lierre
mon rire-ciel
mon abandon-lumière

Toi
mon désir-vendange
mes saisons-ivresse
mes matins-nus
ma vie-orange

Toi
mon désir-fleuve
ma passion-fleur
mes élans-terre
mon attente-bleue

Toi
mon désir-tout
ma caresse-océan
ma douceur-horizon
ma certitude-toi

Le mystère du désir

« Devenir un être désirant, c'est prendre le risque de blesser l'autre en énonçant des désirs différents. »

« Le désir surgit du manque, du vide, de l'absence et, plus tard, de l'attirance, d'un mouvement qui nous pousse, nous conduit et parfois nous guide vers l'autre. Vers un autre qui a ce que nous n'avons pas, qui resplendit d'une lumière qui nous illumine, qui résonne d'une vibration s'accordant à la nôtre. Le désir est un élan qui cherche à retrouver une énergie perdue. Il est une implosion avant d'être une explosion. Sans désir, nous sommes semblables à des morts vivants. »

« Un besoin répond à une nécessité de survie. Pour cette raison, il exige une réponse positive. Le propre d'un besoin est qu'il doit être satisfait à plus ou moins brève échéance : "J'ai besoin de faire pipi, je peux me retenir un peu, mais à un moment donné je devrai aller aux toilettes", ou "J'ai besoin d'être reconnu, valorisé. Je vais tenter d'attirer l'attention, y compris en faisant des bêtises, et je vais peut-être découvrir, douloureusement, que je ne déclenche de l'intérêt… que dans ces circonstances !" »

« Le désir, par contre, est lié à la fois au manque et au plaisir. Il est recherche d'une diminution de l'insatisfaction, de la tension, de la frustration provoquées par le manque. Il doit donc être reconnu, entendu et parfois même valorisé. Mais en fait, le désir a surtout besoin d'être entendu. Contrairement à ce que beaucoup de personnes croient, il n'a pas besoin d'être systématiquement satisfait. Certains désirs resteront à l'état de désirs et dynamiseront beaucoup la créativité de celui qui en est porteur. »

« S'interroger sur le mystère du désir et sur la recherche du bonheur, c'est reconnaître que tout désir est lié au manque, c'est ouvrir une porte à la quête des humains, à leur mouvement vers l'inaccessible. »

Désir et couple

« Il y a des désirs autonomes, dont la satisfaction ne dépend que de nous (ainsi mon désir de lire ou de me mettre au soleil sur ma terrasse, par exemple) et des désirs dépendants, dont la satisfaction dépend du désir ou de l'accord de l'autre (comme mon désir de faire l'amour avec ma blonde, par exemple). La recherche d'une réponse à quelques-uns de nos désirs risque de nous mettre en dépendance, voire de nous aliéner, si la réponse de l'autre tarde ou reste trop longtemps négative. Il faut longtemps de vie commune dans un couple pour découvrir qu'il y a des désirs autonomes et des désirs dépendants...

Ce sont ces derniers qui soulèvent le plus de frustrations et parfois de violences dans un couple, quand l'un découvre que la satisfaction de son désir dépend... de la réponse de l'autre. »

« En ne respectant pas la bonne distance entre nos propres désirs et les possibles de l'autre, on risque de créer une faille insondable et parfois infranchissable. »

« S'inventer des désirs en commun plutôt que de croire avoir des désirs communs. »

« La géographie intime du désir chez l'homme et chez la femme ne s'apprend pas dans notre culture. Elle est et reste parfois ignorance et d'autres fois elle est émerveillement et transe. J'ai souvent été étonné du peu d'attention, du manque d'enthousiasme portés à cette matière essentielle à l'harmonie d'un couple. La méconnaissance des chemins, des attentions, la répétition parfois mécanique de quelques gestes d'effleurements, d'insistances méthodiques n'est pas suffisante pour éveiller, transporter et renouveler le désir mutuel. Les forces de cohésion dans un couple se dynamisent puissamment dans la rencontre des désirs, dans l'épanouissement des plaisirs. »

Désir et… terrorisme

« La direction et l'intensité des désirs sont à mieux cerner pour nous faire comprendre qu'il peut y avoir des désirs dynamisants porteurs de créativité et des désirs impérialistes ou terroristes porteurs de contraintes, voire de violence. »

« La femme est souvent vue comme le réceptacle du désir et des attentes de l'homme.

Mon point de vue serait que c'est l'homme qui est souvent en creux ! Il demande et souvent même exige que son propre désir soit reçu, mais il veut et il désire surtout le désir de l'autre. Il veut l'avoir pour lui, en lui. Il veut, le plus souvent, que l'autre entre dans son désir à lui. Ainsi s'entretient, effroyablement violent ou subtil, le terrorisme relationnel, si présent dans certaines tentatives de communication sexuelle. »

« Ce que j'appelle le terrorisme relationnel, c'est lorsque l'un des partenaires n'a pas compris (ou ne veut pas comprendre) la différence entre un désir "sur" et un désir "vers".

Le désir "sur" l'autre est terrible et pathétique, car il veut avant tout le désir de l'autre. Il se comporte en colonisateur du désir de l'autre, soit en se l'appropriant, soit en le réduisant ou en le mettant au service du sien:

"Je voudrais que tu apprécies ce que je fais pour toi."

"Je voudrais que tu aies envie de faire l'amour quand moi j'en ai envie, sinon tu n'es pas normale, tu es frigide!"

"Je voudrais que tu sois d'accord avec moi pour qu'on mette notre fils à l'école libre."

"Tu pourrais quand même faire un effort!"

Le désir "sur" est de type conquérant, impérialiste, tyrannique et même annexionniste.

Le désir "vers" est plus ouvert, plus relationnel et surtout plus porteur de tendresse possible.

Il se propose à l'autre sans s'imposer, il s'offre sans exigence de retour ou de réciprocité. Il se définit en tant que désir, c'est-à-dire en tant que tendances autonomes, ayant droit d'existence à part entière indépendamment de toute satisfaction. »

« Il semble que le désir le plus aliénant pour celui qui l'a et pour celui qui en est l'objet est le désir du désir de l'autre. En particulier quand nous voulons ou exigeons que l'autre ait un désir qui corresponde au nôtre : "Je voudrais que tu aimes ma mère au lieu de la détester comme tu le fais !" ; "Je souhaiterais que tu puisses apprécier la mer, pour que nous puissions un jour acheter un bateau et naviguer ensemble !" ; "J'attends de toi que tu aies envie de faire l'amour (de préférence avec moi) quand j'en ai envie !" »

« L'essentiel des relations proposées à nos proches, enfants, conjoints, parents, est de type mortifère ! Le désir de changer l'autre est plus destructeur qu'on l'imagine, car il contient la pire des demandes, la violence implicite la plus ravageuse, sous forme d'injonctions et d'attentes : "Ne sois pas comme tu es, ne fais pas ce que tu fais, ne pense pas ce que tu dis, essaie de dire ou de faire autrement." »

Désir et réalité

« Passer du désir au projet demande que l'on ait le souhait de sortir ce désir de son imaginaire afin de l'inscrire dans la réalité. Mais passer du projet à la réalisation demande en plus que l'on soit prêt à réaliser ce désir. »

« Il est des désirs dont la destinée est de rester dans l'imaginaire, de rester à l'état de désir. Une confrontation avec la réalité pourrait les abîmer ou les dévaloriser. Il est des désirs qui resteront à jamais désirants, qui ne se réaliseront pas, qui resteront portés par le rêve, des désirs s'accordant à d'autres désirs sans jamais s'incarner dans la réalité, qui leur paraîtra toujours trop étroite. Il est, par contre, des désirs dont la réalisation va non seulement nous combler, mais nous ouvrir, et ainsi dynamiser d'autres rêves et désirs, qui vont à leur tour s'épanouir et transformer des pans entiers de notre existence! »

Liberté du désir

On ne peut commander à un désir
d'être là quand il est absent.
Quand il dort, on peut parfois l'éveiller et l'agrandir.
Quand il est présent, ne le perdez jamais de vue,
c'est une fête que de pouvoir
l'amplifier avec le désir de l'autre.

LA CONSTRUCTION DU DÉSIR

Marie est une jeune femme de trente-cinq ans, elle me parle de sa fille Chloé qui a douze ans.

« Tout dernièrement, ma fille m'a demandé : "Maman, c'est quoi le désir ?" Je n'ai pas su très bien lui répondre : j'ai tenté de lui dire que c'était comme une envie, une attirance, le besoin de l'autre, d'un objet, la réalisation d'un rêve... Vous voyez, j'ai mélangé tout de suite désir et besoin. Puis j'ai demandé à ma fille : "Et toi, tu as des désirs ?" "Non, jamais, je ne désire rien. (Et puis, après un temps de silence) On souffre trop quand on a des désirs qui ne se réalisent pas..."

J'ai ainsi entendu que ma fille confondait le désir et sa réalisation. J'ai tenté de lui expliquer qu'il est beau, important, vital d'avoir des désirs dans de nombreux domaines, mais que beaucoup de désirs ne sont pas destinés à se réaliser, qu'ils resteront à l'état de désir... Que c'est beau de garder en soi un désir à l'état de désir... Chloé s'est jetée dans mes bras et m'a chuchoté : "Tu sais, maman, j'ai un désir, un vrai désir ! C'est que toi et papa, vous reveniez ensemble. Tous les autres désirs, que je ne peux pas avoir, c'est rien à côté de ce désir-là !"

J'ai serré ma fille tout contre moi, j'ai respiré très fort et je lui ai confirmé que c'était un très beau désir qu'elle avait dans son cœur, mais que la réalisation de ce désir ne dépendait pas d'elle. Je lui ai dit que son désir, qui est de nous réunir son père et moi, alors que nous sommes divorcés depuis quatre ans, ne correspondait pas au mien, ni vraisemblablement à celui de son père, qui d'ailleurs va se remarier prochainement. Je lui ai encore dit que puisque son désir était si important pour elle, elle pouvait le symboliser, c'est-à-dire le représenter par un objet, un dessin... Et savez-vous ce qu'elle a fait ? Elle s'est débrouillée pour faire agrandir deux photos, une de son père et l'autre de moi. Immenses photos, grandeur nature, et elle les a affichées sur le mur de sa chambre. Elle nous a placés tout près l'un de l'autre, presque l'un sur l'autre ! "Comme ça tous les matins en me réveillant je vous vois quand même ensemble, c'est chouette !" »

En écoutant Marie, je songeais combien il est important de ne pas laisser croire aux enfants que leurs désirs sont tout-puissants et totalement réalisables. Et en même temps, combien il est essentiel de pouvoir nommer les désirs et d'en prendre soin. Ce concept de *prendre soin* d'un désir, d'un sentiment, d'un rêve, qui fait appel aux possibles de la symbolisation, n'existe pas dans notre culture. Or, il me paraît essentiel aussi d'apprendre à nos enfants à respecter leurs désirs, et à les symboliser surtout lorsqu'ils ne peuvent les réaliser. Leur créativité fera le reste. Je trouve que Chloé a fait preuve d'une créativité riche, qu'elle s'est donné les moyens de donner vie à son propre désir et ainsi de le respecter, même s'il n'est pas réalisable.

***

ENFANCE

enfance

«Nous avons plusieurs enfances, celle des vacances et des jours de classe, celle des rires et des pleurs, celle de nos rêves et de nos déceptions, celle de l'innocence et de la violence, celle de nos secrets et celles aussi de toutes nos attentes.»

«Je viens du pays de mon enfance. Je viens surtout des pays de mes enfances multiples, sombres et colorées, joyeuses et tristes, innocentes et compliquées, tumultueuses et apaisées, mais qui ont des traits communs: l'émerveillement, l'enthousiasme, la nostalgie, l'impatience et l'infatigabilité.»

«Toutes nos enfances nous habitent définitivement. Une fois que nous sommes adultes, elles logent dans les coins et recoins de notre corps, de notre imaginaire, de notre vitalité et de nos angoisses. Les blessures de l'enfance laissent des cicatrices profondes qui, je le crois, ne guérissent jamais. Tout au plus peuvent-elles se refermer, vivre *a minima*, se faire oublier... Mais un événement banal, une parole légère, une association d'idées incongrue, une rencontre inopinée peuvent venir les réveiller, les réactualiser, les dynamiser à nouveau. Alors, elles remontent à la surface et explosent, telle une bombe à retardement.»

«Se réconcilier avec chacune de ses enfances, c'est avancer sur le chemin du bien-être et de la sagesse.»

«Notre enfance ruisselle de souvenirs uniques et merveilleux qui scintillent dans nos yeux quand nous les partageons, devenus adultes, avec nos proches, surtout avec nos propres enfants. Il en est ainsi des souvenirs heureux des longs jours d'été, interminables, pleins d'étonnement et d'aventures, qui illumineront plus tard les rencontres entre amis.»

« **Nous sommes tous marqués** par les événements subjectifs de notre enfance, marqués parfois de façon démesurée par un mot, un message, un regard qui a rejoint en nous les croyances oubliées des premières années de notre vie. »

« Le monde de l'enfance est un univers de solitude masquée. J'ai entendu dire un de mes enfants : "Les adultes sont parfois tellement inaccessibles avec leur tendance à vouloir tirer la couverture à eux, à vouloir tout expliquer, à convaincre, à se montrer des hyper bons parents, au lieu de nous écouter, simplement nous écouter !" »

« **La recherche essentielle** sur les faits, le sens et les enjeux de la sexualité, et sur les dilemmes moraux qu'elle pose à chacun de nous, se poursuit notre vie durant. Les certitudes caduques, les doutes renouvelés, et les questions sans réponse jalonneront notre vie sexuelle adulte. Les messages reçus dans l'enfance l'influenceront profondément et durablement. Les découvertes ultérieures, les expériences vécues seront imprégnées, marquées et parfois limitées par les découvertes enfantines. »

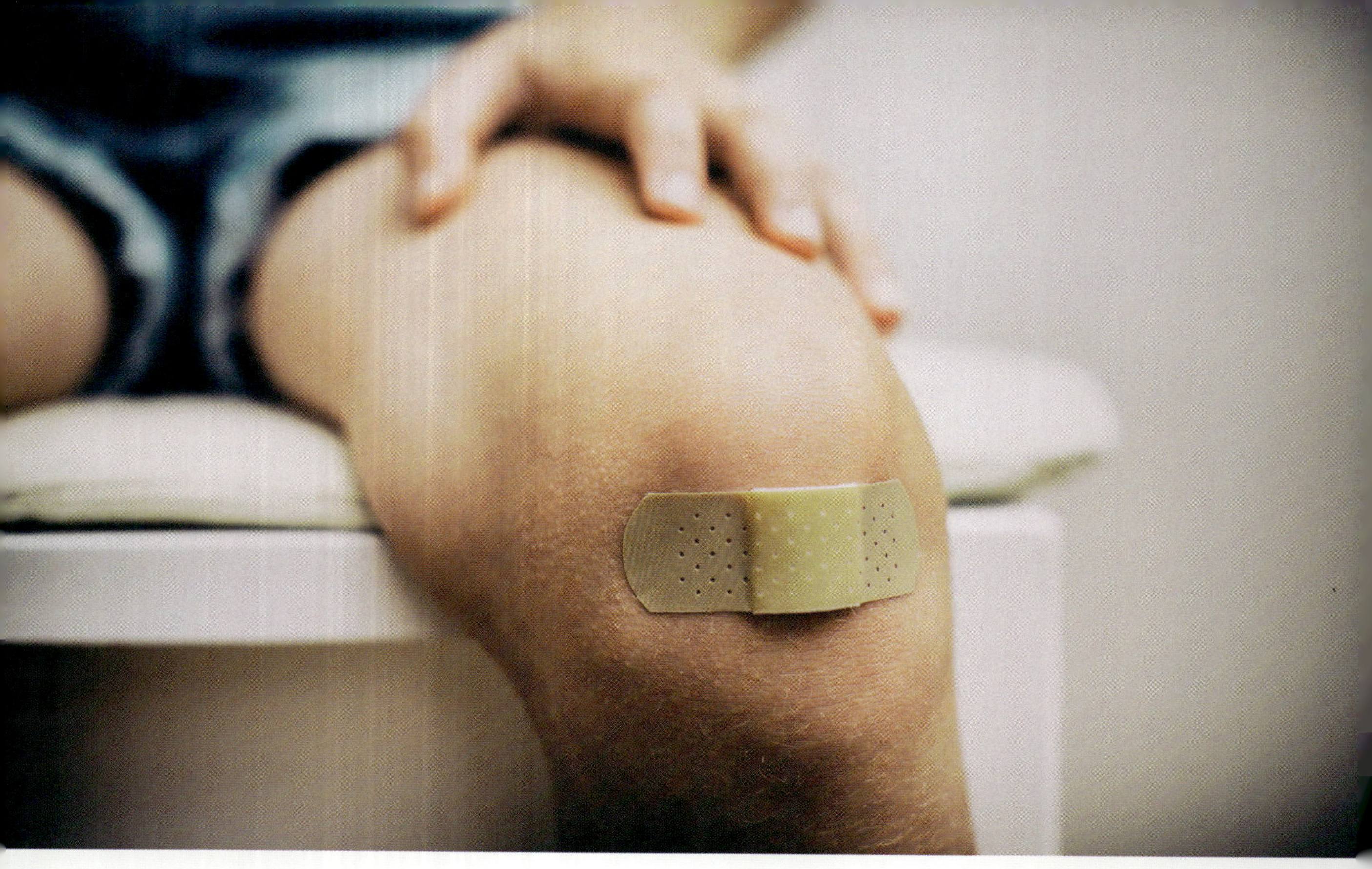

MA MÈRE...

Je viens d'une époque où la vie était plus ample, où le temps marchait à pas lents pour parcourir avec patience l'espace d'une existence, où l'on s'arrêtait pour se saluer, se rencontrer, échanger et rire.

Je viens d'un temps où la culture populaire n'était séparée ni de la culture livresque ni de la culture savante. La culture se transmettait au quotidien, dans les gestes de chaque jour, à table ou dans la cuisine, durant les moments d'échanges, les loisirs ou pendant les fêtes familiales.

Ma mère, de qui je tiens le goût de cette vie, avait quitté l'école à neuf ans et savait à peine lire. Mais elle récitait des passages entiers de Victor Hugo et de Jean de La Fontaine en scandant chaque vers avec une force qui nous saisissait et nous laissait, mon frère et moi, ahuris et rêveurs. Elle puisait comme dans un panier, à la demande, des strophes de Leconte de Lisle, de José Maria de Heredia, d'Alfred de Vigny, ou de Gérard de Nerval, des auteurs un peu oubliés qui lui permettaient d'entretenir quelques rêves au sein d'une vie de travail et d'usure.

Elle se souvenait des leçons de choses du cours moyen comme de leçons de vie : la métamorphose de la chenille, les mutations du hanneton, la croissance du haricot vert représentaient pour elle l'équivalent d'une aventure merveilleuse, d'un voyage étonnant au pays de la connaissance.

Elle ne m'a pas seulement transmis la vie et plus tard quelques recommandations et interdits pour conduire avec dignité mon existence, elle a aussi tenté de m'ouvrir au monde des petites choses, de m'en faire découvrir les couleurs, les goûts et les coins secrets : « Regarde, me disait-elle, la couleur de ce petit pois, là, sous les feuilles, regarde comme il est accueilli par la vie ! » ou « As-tu remarqué comment les draps de lit gardent le bleu du ciel quand ils sont secs ? C'est pour cela qu'il faut les étendre à l'ombre... »

Elle avait surtout le geste juste, la connaissance exacte de ce qu'il fallait faire au moment où il fallait le faire. Comment mettre une demi-coquille d'eau dans l'omelette pour que celle-ci reste baveuse et douce, ou une noix de beurre dans la confiture de prunes ou de framboises qui est sur le point de déborder afin d'en apaiser le bouillonnement ; comment appliquer un cataplasme à la feuille de chou pour soigner orgelet, panaris, furoncle et même lumbago...

Je viens du pays de mon enfance, du seul pays dont je connaisse l'odeur, le rythme des saisons et les couleurs qui sont encore mêlés à tant de souvenirs si vivants. Je fus longtemps jaloux de mon meilleur copain qui appelait ma mère « Mamiedou ». Cette jalousie cessa quelque 50 ans plus tard quand il me raconta l'histoire suivante.

« Je ne te l'ai jamais dit le jour où j'ai donné mon cœur à Mamiedou, ma seule maman-cadeau. Tu n'étais pas là, je venais chez toi comme chaque fois que j'étais en tristesse. Un petit enfant a trébuché, est tombé sur le bord du trottoir. Il pleurait, braillait "Bobo, bobo, aïe ! Maman, maman !" Et sa mère de dire "Espèce d'idiot ! Debout, ce n'est rien, arrête ta comédie..." Et le gamin hurlait de plus belle, se roulait à terre, refusant de se lever. Ce qui irritait encore plus sa mère. Alors j'ai vu Mamiedou, qui épluchait des haricots devant sa porte, vider son grand tablier, se lever, essuyer ses mains sur ses hanches et j'ai entendu ce qu'elle murmurait : "Oh ! Le pauvre petit, pauvre petit. Viens, viens vite mon poussin que je te ramasse !" Le miracle fut instantané. Le pauvre petit, plein de morve et de tremblements, de larmes et de poussière, s'alla jeter dans un élan passionné dans le giron de Mamiedou qui le câlina, souffla sur ses bobos, pompa de l'eau fraîche à la fontaine toute proche, le lava, le moucha, et finit de l'essuyer en l'embrassant doucement, tout en continuant de psalmodier "Mon pauvre petit, qui avait très mal, mon pauvre petit !" Moi, j'avais six ans. Beaucoup de mes bobos guérirent ainsi d'un seul coup ; et bien d'autres par la suite tant que je fréquentai ta mère ! »

Il était le seul à avoir le droit d'appeler ma mère « Mamiedou »...

***

ENFANT

enfant

Lettre ouverte d'un enfant à ses parents

Maman, papa, je vous serais reconnaissant de ne pas toujours chercher
à m'expliquer ce que vous avez tellement de mal
à comprendre chez moi.

Maman, papa, ne perdez pas trop de temps à me raisonner,
à me rassurer pour tenter d'apaiser vos peurs ou avoir le plaisir
de me faire entrer dans vos désirs.

Maman, papa, en prenant soin de vos peurs (et des désirs
qu'il y a derrière toute peur), vous pouvez m'aider
à rendre moins stressante et plus vivante notre relation.

Maman, papa, je vous en supplie, ne me laissez pas croire
que mes propres désirs sont tout-puissants.
Ils sont simplement l'expression d'un imaginaire
qui doit apprendre à affronter la réalité.

Maman, papa, pouvez-vous simplement m'écouter,
sans tout de suite vous emparer de ce que je dis,
sans prendre chacun de mes tâtonnements
ou chacune de mes révoltes
comme une remise en cause de ce que vous êtes.

Maman, papa, je vous en prie, prenez le risque de me frustrer,
et même de me faire de la peine
en refusant certaines de mes demandes.

Maman, papa, osez vous affirmer avec vos rêves, vos besoins
ou vos erreurs, sans vous justifier en permanence
de tout ce que vous avez fait ou pas fait pour moi.

Maman, papa, je vous remercie infiniment de savoir me dire non,
de ne pas m'entretenir dans l'illusion que vous pouvez être tout pour moi,
et que moi aussi je suis tout pour vous.

Maman, papa, prenez le risque d'entendre mes désirs,
mais n'y répondez pas tout de suite. En voulant les satisfaire
trop vite, vous risquez de les dévitaliser.

Maman, papa, confirmez-moi que je peux rêver d'être plus grand
que je ne le suis et plus petit que vous ne le souhaiteriez,
car je sais que j'ai beaucoup de chemin à faire.

Maman, papa, s'il vous plaît, ne revenez pas trop souvent
sur un refus, ne vous déjugez pas, restez fermes,
c'est comme cela que je peux affronter
les réalités qui m'entourent.

Maman, papa, pour que je puisse me situer, découvrir
mes propres limites, avoir des repères clairs et m'affirmer
face à vous, n'hésitez pas à me donner des limites
et des interdits.

Maman, papa, même si je réagis, si je pleure, même si je te dis à toi,
maman, que tu es « méchante et sans cœur », reste ferme et stable.
La consistance de ton positionnement
me rassure et me construit.

Maman, papa, même si je vous déçois, si je t'accuse,
toi, papa « de ne rien comprendre », ne m'enferme pas
dans mes réactions par un rejet ou un refus sans appel.

Maman, papa, par pitié, ne démissionnez pas.
Si je tente de vous séduire, résistez ;
si je vous agresse, parfois, ne m'ignorez pas.
C'est comme cela que je pourrai me faire confiance.

Maman, papa, de grâce, vous n'êtes pas obligés d'être
des parents 24 heures sur 24,
ni même d'être parfaits !
Cela me permettra de souffler un peu
et de trouver la bonne distance.

Maman, papa, au-delà de tous vos rôles actuels,
j'ai besoin de rencontrer
non seulement la femme et l'homme que vous êtes,
mais aussi la petite fille et le petit garçon que vous avez été.

Maman, j'ai besoin, parfois, d'une mère, mais aussi d'une maman.
Papa, n'hésite pas à être un père et accepte sans retenue
de montrer le papa qu'il y a en toi.

Maman, papa, j'ai besoin de vous dire aussi, à chacun :
je ne suis que votre fils, que votre fille
(je ne peux pas tout pour vous) et je ne suis pas que votre fils, votre fille,
(barrez la mention inutile !)
je suis bien plus que cela, sur les multiples chemins de ma vie.

Entre désirs et besoins

« Les enfants sont notre part d'éternité qu'il nous appartient de cultiver à dose homéopathique, je veux dire par là sans abus ni laxisme. »

« Je bataille pour conserver le contact avec mes enfants, pour ne pas me laisser déborder, pour garder le respect des sensibilités de chacun, le maintien des échanges, un équilibre fragile entre leurs demandes et les miennes, entre leurs refus et mes exigences, entre leur imaginaire de toute-puissance sur la réalité et mon imaginaire sur eux, tout aussi impérialiste !

Que de combats à éviter, de conflits à désamorcer pour être au plus près des réponses à leurs besoins et rester à l'écoute de leurs désirs. »

« Distinguer le besoin et le désir, je n'avais jamais réalisé jusqu'alors qu'il s'agissait d'une réalité. Ce dernier point fut pour moi une révélation. Encore m'a-t-il fallu repérer la différence entre l'un et l'autre. Oui, j'ai vraiment saisi que nous, les parents, sommes là pour répondre à leurs besoins et cela jusqu'à un certain âge, mais pas à leurs désirs. Qu'ils en aient des désirs, des grands, des beaux, des surprenants, c'est formidable ! Tant mieux ! Le désir, c'est la vie ardente, source du plaisir d'être. C'est le mouvement, c'est une aspiration vers un mieux-être. Nous, les adultes, avons à être présents pour leur donner envie de faire quelque chose de ces désirs. Bien sûr, chaque fois qu'ils sont recevables ! Mais qui décide s'ils sont recevables ou pas ? Il n'existe pas de grille de référence en la matière, sinon des modèles anciens, périmés par rapport aux désirs renouvelés de cette génération. »

« Poser des limites, adresser des demandes claires ou proposer une alternative qui favorise le choix est préférable à une pseudo-liberté. Placer l'enfant face à la réalité, le confronter au jeu complexe des ajustements nécessaires entre ses désirs et ses besoins, entre ses demandes, ses attentes et les possibilités de réponses positives ou négatives de l'entourage, fait partie de la construction de sa personnalité et contribue au développement de son adaptation à la réalité.

La plupart des jeunes enfants vivent avec l'illusion que le monde tourne autour de leur personne, que maman, papa ou l'entourage proche sont une source de plaisirs inépuisables. Il n'est pas sain de les laisser dans cette illusion. Il me paraît important de les mettre devant des choix limités et non pas illimités pour les aider à prendre une décision cohérente, qui tienne compte des ressources de l'entourage.

Ne pas leur offrir de repères ou de limites, ne peut qu'augmenter le désarroi ou l'angoisse des enfants, et par là même les pousser à la violence et à l'autoviolence. Ce qui arrive trop fréquemment aujourd'hui, quand les parents ont oublié qu'ils sont là pour répondre aux besoins de l'enfant et non à ses désirs ! »

Prendre le temps

« Chaque fois que nous avons l'intention de faire “pour eux”, peut-être faut-il se rappeler qu'il est préférable de faire “avec eux”, c'est-à-dire de leur donner progressivement des moyens, des supports, des outils concrets pour devenir autonomes, indépendants et plus créatifs face à leurs propres besoins. De cette façon, nous les aidons à diminuer le décalage entre leurs attentes et la réalité, nous les confortons dans leurs ressources et aussi dans ce qu'ils peuvent ou non attendre vis-à-vis du monde extérieur. »

« Ne soyons pas économes ni de nos regards ni de notre enthousiasme devant les exploits de nos enfants ! Prendre le temps de nous arrêter, de leur parler, de nous étonner avec bonheur est un vrai cadeau pour eux, une vitamine du cœur pour leur croissance et leur épanouissement. »

« Depuis quelques années les enfants osent parler. Ils osent se dire, non seulement pour exprimer leur émerveillement de vivre ou leur enthousiasme pour la vie, mais aussi, plus souvent qu'auparavant, pour crier leur souffrance, donner une bouffée d'oxygène à leur détresse, sortir de la violence du silence qui masque des agressions, des abus sexuels commis par un parent, un proche, un prêtre ou un enseignant. [...]

Sortir du silence n'est pas suffisant, encore faut-il être entendu, reçu, soutenu. Ce n'est pas tant la dimension légaliste ou une sanction que réclament les enfants, mais le droit d'être crus dans la souffrance qu'ils ont éprouvée face au comportement d'un adulte qui transgressait une des lois les plus élémentaires de l'humanité : le respect et la protection de l'enfance – le droit d'être reconnus dans l'injustice qu'ils ont subie. »

« La croissance d'un enfant est un facteur puissant de changement. Nos enfants nous délogent de nos certitudes, nous obligent à préciser le flou, nous interpellent sur nos images d'homme, de femme, au-delà des rôles parentaux. Ils sécrètent, outre des interrogations, des mises en doute et des remises en place ; ils stimulent l'inconscient et irriguent les zones les plus secrètes de nos refoulements. »

Se mettre à sa hauteur

Il est risqué de trop se pencher sur un enfant,
c'est le meilleur moyen de tomber ou de recevoir
un coup de pied au derrière !
Mieux vaut se mettre à sa hauteur,
c'est le meilleur moyen de grandir.

ESPOIR *espoir*

Les multiples noms de l'espoir

Quand je suis emprisonné, l'espoir
s'appelle Liberté...

Quand je suis affamé, l'espoir
s'appelle Pain...

Quand je suis assoiffé, l'espoir
s'appelle Eau...

Quand je suis seul, l'espoir
s'appelle l'Autre...

Quand je suis désespéré, l'espoir
s'appelle Espérance...

Quand je suis sans lumière, l'espoir
s'appelle Soleil...

Quand je suis mourant, l'espoir
s'appelle Vie...

Quand je suis aimant, l'espoir
s'appelle Aimée...

Quand je suis paralysé, l'espoir
s'appelle Mouvement...

Quand je suis aveugle, l'espoir
s'appelle Lumière...

Quand je suis malade, l'espoir
s'appelle Guérison...

Quand j'ai peur, l'espoir
s'appelle Courage...

Quand je suis découragé, l'espoir
s'appelle Ténacité...

Et quand je suis au plus près... de moi
l'espoir s'appelle Toi.

« Ce n'est pas parce qu'une espérance a fait naufrage une fois qu'il faut renoncer à tout espoir. »

GARDER ESPOIR

Un ami vivant en ville me parlait récemment du plaisir qu'il avait à sortir de son immeuble, à descendre la rue pour aller s'approvisionner chez l'épicier arabe du coin :

« Je me rends compte, me disait-il, que je me suis attaché à cet homme. Sa gentillesse, sa disponibilité me touchent, son ouverture me rejoint toujours là où je suis, ses commentaires sur les petits événements de notre quartier sont d'une qualité rare, son humour tendre, dénué d'ironie, donne un goût de bon et de joyeuseté aux petits incidents de l'existence...

Le bonjour ravi qu'il a, chaque fois que j'entre dans sa boutique, est comme une bouffée d'oxygène. Il m'appelle par mon nom, me demande des nouvelles de ma mère qu'il a entrevue il y a quelques années, connaît les résultats scolaires de ma fille et bien d'autres sujets. Il ne parle jamais de politique et ne se perd pas en généralités ou en lieux communs. Avec lui, c'est toujours concret, actuel, proche de la vie.

Il ne se contente pas de me dépanner, il alimente une relation qui est bonne pour moi. Je me sens bien avec lui, confiant, disponible à ces moments d'échange et de partage.

Bien sûr, je sais que ses prix sont supérieurs de quelque 10 à 15 % à ceux qui sont pratiqués par la plupart des supermarchés de la périphérie voisine, mais j'accepte de bon cœur de payer ce supplément. C'est, en quelque sorte, une taxe à la convivialité.

Il connaît tout le monde, parle à chacun. Il est un régulateur d'émotions, de celles qui auraient tendance à s'enflammer dès qu'il y a un incident et à produire un germe de conflit, une possibilité de violence...

Et le jour où cet épicier disparaîtra, c'est vraisemblablement un peu plus de violence qui se répandra dans mon quartier et un peu moins de vie dans ma rue, moins de confiance en moi dans l'autre. »

J'écoutais mon ami et je songeais combien il est important de pouvoir échanger, partager ou simplement parler avec des proches et des moins proches, avec le sentiment d'être reçu, entendu, de faire confiance à ce qui peut surgir d'une mise en commun, et de garder ainsi espoir en l'homme.

***

FAMILLE

famille

«Les nombreux travaux parus ces dernières années sur la communication transgénérationnelle ont souligné que des informations circulent entre les membres d'une même famille d'une façon qui peut sembler irrationnelle et qui paraît parfois un peu inquiétante (surtout lorsqu'elle met en évidence comment des messages, des injonctions, des interdits circulent entre les membres d'une même famille sans la médiation des langages habituels). Ces observations nous ont permis de découvrir que, pour la plupart, nous sommes des ex-enfants fidèles, porteurs de loyautés invisibles qui parfois nous lient de façon incontrôlable ou inconsciente à l'un ou l'autre de nos géniteurs, ou même à des ascendants plus lointains. Tout se passe comme si nous nous sentions responsables des malheurs, des épreuves ou des événements douloureux qui ont pu arriver à un père, une mère, un frère ou une sœur, ou encore à un grand-père ou une grand-mère, et que nous avions intériorisé la mission de mettre ces événements au jour et de les réparer afin de libérer ces membres de notre famille du souci d'avoir à les affronter au cours de leur vie. En bref, nous voulons prendre soin de leur tristesse ou de leur souffrance, que nous sentons toujours présente.

Cette démarche se traduit chez certains d'entre nous par des conduites ou des comportements dont les mobiles échappent, pourrait-on dire, à notre volonté, même s'ils sont apparemment conscients. Tout cela peut nous conduire à des engagements qui mobilisent beaucoup d'énergie et de ressources, se révèlent source de souffrance et de mal-être, et nous poussent à faire des choix qui pourront nous entraîner à des actions qui se révéleront par la suite chargées de malentendus, de conflits et de dommages préjudiciables à notre propre vie. Il en est de même des fidélités perverses, qui nous poussent parfois à poser des actes qui se révèlent après coup nocifs, dangereux, et mettent notre existence en déséquilibre ou en péril. »

« Il n'y a plus de modèle, chacun des parents se doit d'inventer, d'innover, de tâtonner, de s'égarer et cependant de créer à chaque instant un présent acceptable pour maintenir vivant cet équilibre instable et périlleux qu'on appelle une famille. »

« Beaucoup de malentendus, de frustrations relationnelles sont issus de ceci : l'autre, pour des raisons qui lui appartiennent (seuil de tolérance bas, non-sensibilité à la sphère émotionnelle, peurs, cécité et surdité diverses...), ne peut m'entendre ; il me coupe de cette dimension vitale pour moi... celle de mon vécu, de mon ressenti, ou il la dénigre. Ce décalage est à l'origine d'une quantité incroyable de malentendus et de souffrances en situations familiales. Nous attendons tous, et parfois de façon un peu magique, que l'autre (maman, papa, mon frère, ma sœur) me rejoigne dans mes sentiments, entende ma sensibilité propre, reçoive mes émotions sans se les approprier.

Une difficulté surgit aussi quand l'autre me répond dans un registre différent du mien.

“Tu sais, maman, j'ai vécu ça de façon très douloureuse quand on m'a coupé les cheveux aussi courts à six ans.

— Mais il y avait des poux à l'école, tu comprends ?”

Non, je ne peux pas comprendre si je ne me sens pas d'abord entendu. Je parle de sentiments et elle parle de faits. »

« Aujourd'hui, de plus en plus, on forme un couple pour être heureux. Une affaire aussi importante que le bonheur, on ne laisse à personne d'autre le soin de la régler. Le couple se veut solidaire, matériellement, affectivement et sexuellement, de cette réussite-là. Un mariage raté, une mésentente durable prendra alors figure d'échec jamais cicatrisé.

Cette exaspération des attentes vient du sentiment que c'est un des rares domaines où l'individu se sent “en prise directe”, où il sent un pouvoir d'action immédiat dont il peut attendre quelque chose de gratifiant. L'environnement étant reconnu comme peu valorisant, c'est du couple qu'on attend la reconnaissance de son identité unique et singulière. “Moins l'environnement social sera capable d'apporter de satisfaction, plus on attendra de la cellule familiale.” »

« Toutes les familles ne sont pas toxiques, mais beaucoup peuvent l'être... sans le vouloir, sans le savoir. »

« POURQUOI AI-JE TANT DE MAL À TE PARLER, MAMAN ? »

C'est une jeune fille de quatorze ans qui s'adresse comme suit à sa mère, dans une longue lettre dont je tire l'essentiel.

« J'ai peur de te parler, maman, parce que je sais que je déclenche des tas de peurs en toi chaque fois que je tente de te dire ce qui m'habite. Quand je te parle de mon amoureux, de mes copines qui font l'amour ou qui rêvent de voyages, de partir à l'étranger, ou encore de faire du théâtre ; quand je te confie que mon copain a des désirs, et que moi je retiens les miens, je déclenche chaque fois des comportements excessifs et même des crises de folie de ta part. Tu parles, tu parles, tu me noies de mots, de conseils, comme pour évacuer tout le malaise que cela a réveillé en toi. Tu veux tout de suite me prendre en charge, m'expliquer, me rassurer. Tu anticipes le pire et tu me proposes aussitôt des solutions. Tu voudrais que je fasse aussitôt quelque chose pour calmer tes angoisses...

À la moindre sortie un peu tardive, tu évoques enlèvement, viol, prostitution, drogue, sida... Tu surveilles mon linge intime, vérifies mon cycle et je sais que tu lis aussi mon journal, enfin, mon faux-vrai journal. Celui que je laisse en évidence au fond du tiroir où je sais que tu vas le trouver, dans lequel j'écris des banalités ou le ronron du quotidien, pour te rassurer, t'apaiser, t'endormir.

Maman, je ne veux plus te mentir ni faire semblant. C'est vrai, je ne suis pas cette fille idéale, sans aucun problème, gentille, soumise et peureuse dont tu rêvais. Je ne sais pas ce que je réactive chez toi, mais je ne veux plus collaborer à cette espèce d'escroquerie que je ressens, venant de ta part, dans laquelle je me laisse entraîner malgré moi. Une espèce de contrat implicite d'après lequel je devrais me sentir aimée et acceptée tant que je me moule à tes désirs, d'après lequel je devrais exister *a minima* pour ne pas réveiller tes peurs ou ta culpabilité de ne pas être une bonne mère.

Maman, je ne veux pas payer le prix de ton refus ou celui de tes peurs... Aussi tu l'as peut-être perçu, actuellement je me tais, je ne partage plus rien avec toi, je m'absente d'une relation vraie. Depuis quelque temps tu redoubles de questions, tu m'agresses, tu m'en veux, tu me fais des avances que je refuse. Je te fuis pour ne pas te détester encore plus. Et tu ne sais même pas que, ce faisant, je te protège, que je fais tout ça pour toi, pour ne pas augmenter ton angoisse ou ton désarroi...

Maman, lâche-moi les baskets, ose me faire confiance en te faisant confiance, c'est urgent.

Ta fille, hélas unique, qui t'aime. »

Ainsi, arrive-t-il à tout âge que des enfants se « parentifient », qu'ils prennent sur eux de préserver leur mère ou leur père des effets de la résurgence de leur propre passé, de leur propre enfance, quand, à leur contact, les blessures et les peurs anciennes sont réveillées. Ce sont des enfants courageux, qui sentent clairement combien leur présence, leur façon d'être, réactivent chez leurs parents des points douloureux de leur histoire personnelle et qui tentent (parfois) de maintenir cette souffrance *a minima*...

***

FÉMININ
MASCULIN
féminin
masculin

«J'envie les femmes qui sont confiantes les unes vis-à-vis des autres, en connivence, et jouissent de la liberté de s'abandonner, de se dire et de partager des rires et des fantaisies intimes quand elles sont entre elles. Je regrette que nous, les hommes, soyons plus réservés, plus fermés, et ne nous sentions pas autorisés à nous faire part de nos expériences intimes, à laisser apparaître, en dehors de nos rôles et de nos fonctions, nos propres richesses dans ce qu'elles ont aussi de doux et de soyeux. Un jour, qui sait...»

Deux pôles

«La plupart d'entre nous ont pris conscience qu'il existe une part de féminin dans l'homme et une part de masculin dans la femme. La cohabitation ne se fait pas toujours dans la bonne entente ! Parfois, les deux parties s'harmonisent, d'autres fois elles s'affrontent. Dans l'esprit de certains hommes, le féminin est associé à la vulnérabilité, à une sensibilité plus importante aux émotions, à une plus grande ouverture à la tendresse. Mais nombre d'entre eux confondent sensibilité et sensiblerie, tendresse et faiblesse, abandon et laisser-aller, ce qui les conduit à minimiser leur part de féminin, à la rejeter, voire à la nier. Ainsi combattent-ils les élans de tendresse et les soupirs d'abandon avec beaucoup d'acharnement.

Il en est de même pour une partie des femmes, qui tendent à rejeter le masculin qu'elles portent en elles parce qu'il est synonyme de trop de virilité, d'affirmation machiste ou d'insensibilité.»

«Si chacun (homme ou femme) pouvait accepter ses deux polarités, cela contribuerait à améliorer son propre équilibre ainsi que sa relation aux autres. Favoriser la cohabitation avec les pôles opposés de la personnalité de l'autre est toujours un enrichissement, surtout quand le masculin de l'un peut s'entendre et coopérer avec le masculin de l'autre, et que le féminin de l'un peut s'accorder avec le féminin de l'autre !»

«Si l'on osait reconnaître la part du féminin et celle du masculin qui naviguent en chaque être, on accéderait à des relations entre hommes et femmes qui seraient moins violentes et moins conflictuelles.»

«Dans ma génération, qui n'a pas entendu cette injonction: "Quand on est un garçon, on ne pleure pas, il n'y a que les filles qui pleurnichent pour un rien!" ? Aussi, beaucoup d'hommes imaginent-ils que pleurer est une tare, ou tout au moins une marque de faiblesse portant atteinte à leur virilité. Or, il se trouve qu'aujourd'hui de plus en plus de femmes apprécient cette vulnérabilité chez les hommes, car elles y voient la marque d'une dimension sensible, féminine qui les touche. Pleurer, c'est accepter d'être plus près de ses émotions, en relation directe avec ce qui est ressenti, en accord avec ce qui est vécu dans l'intime de soi.»

Deux dynamiques

«Il existe des différences manifestes entre les hommes et les femmes, d'autres sont moins apparentes mais tout aussi importantes. C'est ainsi que les hommes ont du mal à exprimer leurs émotions, ils éprouvent de la difficulté à parler de ce qu'ils ressentent et vivent intimement. Ils préfèrent donc s'en tenir à des généralités, faire des discours, ou parler des autres plutôt que d'eux-mêmes. Autrement dit, ils s'expriment davantage avec leur tête qu'avec leur cœur, de même qu'ils supportent mal ce qui se vit au niveau plus émotionnel.

Pour les femmes, il semble que ce soit l'inverse: elles n'hésitent pas à exprimer leurs émotions et leurs sentiments. Elles préfèrent ne pas garder en elles trop longtemps ce qui ne va pas, ce qui les gêne ou les interroge. Aussi, quand elles souffrent, quand elles sont mal à l'aise ou en difficulté, n'hésitent-elles pas à se faire aider, à rechercher quelqu'un à qui parler pour être entendues!

Ce décalage entre l'expression des hommes et celle des femmes a d'innombrables conséquences sur la vie amoureuse et la vie de couple, mais également sur l'éducation des enfants. Dans ce dernier cadre, les interventions des pères sont plus ponctuelles, plus réactionnelles, alors que celles des mères mettent le temps à profit, s'inscrivent dans la continuité et ont peut-être, pour cette raison, un impact plus profond.»

« Même si le coup de foudre, quand il surgit, semble revêtir une apparence identique chez tous, je crois qu'il se développe sur des plans différents chez l'homme et chez la femme. Expliciter le pourquoi de ces différences m'entraînerait trop loin. Je dirai simplement que chez la femme, ce sont les sentiments, les émotions, le rêve, la projection dans un futur qui sont exacerbés, alors que chez l'homme c'est davantage le désir, l'envie de conquérir, de posséder, et surtout de maîtriser, de contrôler qui dominent, même quand il le cache ou le voile par des déclarations grandiloquentes ou époustouflantes de générosité ! »

« La plupart du temps, le langage des mots n'a pas le même sens, pas la même finalité pour les deux sexes. Pour les filles et plus tard les femmes, il sert à combler la distance, à enjamber le vide qui sépare, il sert à relier. Pour les garçons et plus tard les hommes, il est utilisé davantage pour maintenir la distance, pour ne pas se laisser envahir, pour contrôler la relation ou exercer une maîtrise sur le monde. C'est pourquoi les hommes ont tendance à parler de généralisations, d'idées, de considérations soi-disant objectives qui éloignent l'intimité, alors que les femmes tentent une parole subjective et particulière. Comme si les femmes souffraient essentiellement du manque, du "pas-assez-d'amour", du vide, et que les hommes craignaient le "trop", l'empiètement, l'envahissement.

C'est avec ces deux dynamiques antagonistes que la communication en couple se construit, et parfois se perd. L'intérêt passionné que beaucoup de femmes portent au psychisme — le leur et celui de l'autre — trouve rarement sa contrepartie masculine. »

« Pour certains, parler de son intimité tient de l'obscénité. Il semble que les femmes hésitent moins, osent davantage s'exprimer, prennent le risque de se dire et ainsi de se libérer du trop-plein de détresse ou de désarroi qui les habite. Elles n'hésitent pas à aller consulter un psychologue, un médecin pour tenter de mieux entendre ce qui les perturbe ou mobilise leurs inquiétudes. Les hommes paraissent avoir plus de réticences, plus de réserve. Ils commencent cependant à découvrir que parler est possible et moins traumatisant que tout garder pour soi ! Que la fuite dans le faire qui les habite souvent ne leur permet pas toujours de rencontrer leur être profond. »

« Un homme ou une femme qui se sent obligé de parler de son intimité sexuelle, sur le ton de l'anecdote, de la dérision ou de l'exploit, n'est pas encore entré, à mon avis, dans l'intime de l'intimité. Dans ce domaine, les femmes partagent, s'informent, s'éduquent mutuellement. Au contraire, les hommes n'apprennent rien ou très peu les uns des autres, c'est pour cela qu'ils ont beaucoup à découvrir. »

Décalage dans le désir…

« Le féminin attend que le prince charmant, ou le père Noël, l'Unique, lui fasse prendre valeur et forme en lui rendant hommage.

Il a besoin d'entendre une parole intime, un verbe, des mots qui replaceraient le plaisir dans un contexte d'amour et d'estime, des mots qui rassurent et magnifient en nommant les émotions, la beauté, la légitimité d'être, des mots qui le valorisent en irriguant les pays secrets de tous ses possibles.

Pour s'orienter vers l'intérieur, vers l'activité réceptive, le désir féminin se dégage de tout élan agressif et affirmé, il est vulnérable, quelquefois informe et attend tout de l'autre ; il attend la révélation. Il ne peut s'oublier et se donner qu'après s'être aimé lui-même par la médiation de l'autre.

Le désir féminin ne peut qu'être déçu, tant ses attentes sont immenses.

Heureusement, il y a du désir masculin en toute femme et si ce désir est à l'œuvre, il va se charger d'agrandir la rencontre. »

« Le désir masculin recherche avant tout une satisfaction instinctive. Il est actif et trouve sa valorisation en lui-même, en ses conquêtes de toutes sortes, et ses démonstrations sont autant d'œuvres de création.

Il n'attend pas de l'extérieur une restauration, mais simplement un écho et une amplification de la satisfaction qu'il a de lui-même. Il prend plaisir à la force dynamique de l'affirmation triomphante de soi. Il est fier de ses élans, il aime maîtriser, façonner, posséder, donner forme, féconder la réalité.

Le masculin aime voir, il jouit de la beauté immédiate. Les mots lui sont peu nécessaires pour nommer les émotions.

Le masculin a le sens des limites, du temps, des réalités distinctes. Il s'abandonne peu à la folie, conscient aussi de ses doutes, de l'éphémère. Il reconnaît instinctivement le pouvoir destructeur du temps, l'incertitude des saisons et de l'avenir.

Le masculin a intériorisé la chute, la perte irrémédiable du paradis; il sait les trahisons possibles. Il est capable parfois de vivre intensément l'instant, et même d'accueillir la plénitude du moment.

Le désir masculin s'investit lui-même de son importance et demande la disponibilité de l'autre pour accueillir ses énergies. Il n'attend pas de l'Unique la validation de son existence; il sait se réjouir de la multiplicité. Il s'engage dans l'amour, mais il n'engage pas tout dans l'amour: il diversifie ses investissements.

Heureusement, il y a du désir féminin en tout homme. Et quand ce désir n'est pas nié, occulté ou maltraité, il ouvre aussi à plus de liberté. »

«La sexualité masculine, tout comme la sexualité féminine, est le support d'enjeux, de défis, d'épreuves, de déplacements extrêmement complexes qui peuvent se réveiller et apparaître avec l'arrivée d'un enfant. Cet événement peut détourner le désir d'un homme de sa femme quand celle-ci devient une… mère, ou encore étancher celui de la mère qui, se sentant comblée et apaisée par son enfant, éprouve moins ou plus du tout de désir vers son partenaire. Le propre du désir, c'est qu'il échappe à toute volonté, à toute décision rationnelle. Nous ne pouvons pas nous forcer à désirer.»

«Hommes et femmes peuvent être à l'écoute de ces moments où le masculin ou le féminin intérieur prédomine chez l'un ou l'autre. Quand les désirs se rencontrent ainsi, ils ont un pouvoir inouï d'expansion et de plénitude; ils font toucher du doigt l'accord possible, l'unité retrouvée.»

«La voie de la communication sexuée pourrait permettre à chacun de s'ouvrir davantage à la double dimension masculine et féminine en lui, à condition que les polarités ne se fixent pas dans des rôles stéréotypés.

Les deux principes demandent avec insistance à être reconnus en chaque homme et en chaque femme.

La médiation de l'autre et ses différences, si nous savons les accueillir et entendre leurs résonances en nous, nous aide à développer notre androgynie essentielle. Elle nous permet de marier en soi le besoin féminin de conservation de la vie, qui incite à inscrire la sexualité dans une relation viable et durable, et la créativité dansante et multiforme, la quête d'individuation, de distinctions et de volonté autonome du principe masculin. Ainsi, nous pouvons concilier le sens de l'intériorité, la réceptivité fluide qui permet d'être fécondé, le dépouillement sacrificiel de se donner entièrement attribué aux déesses mères de la vie et de la mort, et la force animatrice, active et expansive de l'énergie masculine.»

«Si nous croyons que chaque homme et chaque femme est un être unique porteur de toute l'espérance humaine, si nous reconnaissons que chacun à sa façon participe de manière visible et invisible à l'alchimie secrète de l'univers, alors nous pouvons entendre que la communication sexuelle dans son essence unit tous les aspects physiques, énergétiques, affectifs, mentaux et spirituels de nous-mêmes, et nous invite à retrouver les parties de soi égarées, oubliées ou voilées.»

LE GÉNIE DE LA LAMPE

Il fait soleil, le temps est doux, la vie oscille entre été et automne, un homme dans la maturité de son âge est en train de marcher le long du Rhône, et soudain il trébuche sur une vieille lampe toute rouillée… Dans un premier temps il est tenté de donner un coup de pied dedans et de marquer un but entre deux bornes, mais il se fait la remarque qu'il n'est pas Zidane et se baisse pour la ramasser. Après l'avoir examinée, il se rappelle soudain un très vieux souvenir, un conte de son enfance. Avec un pan de son blouson, il frotte la lampe et, comme prévu, un génie en sort. Un génie qui n'a pas l'air ravi du tout et qui lui dit avant même qu'il n'ait le temps de s'étonner de cette apparition incroyable : « OK ! OK ! tu es content ? Tu m'as libéré de la lampe et patati et patata… Mais tu sais, comme c'est la quatrième fois ce mois-ci je commence à en avoir ras-le-bol. Je vais te le dire sans fioritures, je ne supporte plus ceux qui veulent m'aider sans avoir jamais rien compris à un miracle ! Tu peux donc oublier les trois vœux habituels, car je ne t'en accorde qu'un. Un seul vœu, tu entends, et ce sera tout. Alors réfléchis bien. »

L'homme s'assoit sur un banc accueillant, le dos au mistral, la tête face au ciel bleu, et pense longuement… Au bout d'un moment, il se décide et demande : « J'ai toujours rêvé d'un voyage à Tahiti, mais j'ai peur de l'avion et j'ai le mal de mer. Pouvez-vous me construire un pont jusqu'à Tahiti afin que je puisse m'y rendre en voiture avec ma femme et mes enfants ? Je pense même emmener mon chien, cela ne lui fera pas de mal de voir un coin du paradis. Voilà mon vœu ! »

Le génie baisse la tête, ne dit rien pendant quelques secondes, puis éclate de rire : « Toi alors ! tu ne doutes de rien. Ton vœu est impossible à réaliser ! Pense à tout ce qu'il faudrait utiliser pour soutenir un tel pont, au béton que les ouvriers devront couler, aux tonnes d'acier et aux centaines de milliers de bras qu'il faudrait y faire travailler, à toutes les autorisations qu'il conviendrait de demander aux uns et aux autres… Non, demande-moi autre chose. Ce vœu-là est irréalisable ! »

L'homme change de position, se met face au mistral, le dos au soleil, essuie ses lunettes, se remet à réfléchir. Au bout de quelques minutes, il exprime un nouveau vœu : « J'ai été marié et j'ai divorcé quatre fois. Mes femmes m'ont toujours dit que je ne m'intéressais pas à elles et que j'étais insensible, que je ne savais pas leur parler et encore moins les écouter. Alors je désire… comprendre les femmes… savoir ce qu'elles ressentent et ce qu'elles pensent lorsqu'elles sont silencieuses… savoir pourquoi elles pleurent, et surtout je veux pouvoir les rendre heureuses, ne plus en faire souffrir aucune ! »

Le génie, devenu de plus en plus soucieux au fur et à mesure qu'il écoutait l'homme, demande alors : « Le pont vers Tahiti, tu le voudrais avec deux ou quatre voies ? »

Il est des désirs qui doivent rester à l'état de désir…

***

FIDÉLITÉ

« Pour la plupart d'entre nous, la fidélité est entendue comme un engagement pris envers l'autre et envers soi-même de ne pas avoir une relation sexuelle avec un tiers. Dans cet engagement il semble y avoir un implicite, "celui de ne pas tromper" notre partenaire. Par extension, l'engagement de fidélité englobe la croyance que nous veillerons à ne pas éprouver des sentiments amoureux pour un autre homme, une autre femme. C'est là que la difficulté la plus paradoxale commence, car nous touchons au mythe ou aux séquelles de la toute-puissance infantile qui nous laisse croire que nous avons un pouvoir décisionnel sur nos sentiments, celui de considérer avec sincérité ou arrogance que "moi, je n'aimerai personne d'autre que toi !" »

« L'engagement de fidélité qui sera consacré par le mariage est la tentative sociale, rationnelle ou religieuse de contrer, de contrôler l'irruption de l'irrationnel.

Il vise à s'opposer au risque de la folie, celui de "perdre la tête" pour un autre et donc d'être en défaut de tenir ses engagements !

La fidélité impossible ou incertaine est ainsi tenue en laisse, aseptisée avec force et conviction, maintenue *a maxima* ou *a minima* avec beaucoup d'arguments, d'exemples, de témoignages et surtout d'intentions.

La tromperie, si elle existe, est surtout à l'encontre de soi-même, quand nous pensons garder maîtrise et pouvoir décisionnel sur nos sentiments. J'en arrive à l'essentiel : le seul choix possible me semble-t-il en cette matière délicate est celui du renoncement : "C'est bien moi et moi seul ou l'autre et lui seul qui sera confronté à la difficile décision de passer à l'acte ou d'y renoncer !" »

« L'infidélité est souvent confondue avec l'adultère, c'est-à-dire avec le fait d'avoir une relation sexuelle tierce alors que l'on est déjà engagé dans une relation amoureuse principale ou de couple. Mais l'infidélité du cœur qui laisse croire à l'autre que nous l'aimons alors que nous nous sentons investis dans un autre amour est parfois plus violente que l'infidélité des corps ou le passage à l'acte sexuel. »

« La fidélité la plus durable semble s'appuyer sur la qualité du lien créé.

Elle paraît constitutive non seulement des gratifications reçues mais de l'anticipation et de la sécurité espérée dans le bien-être d'une relation.

Son ancrage principal me semble être une fidélité à l'égard de soi quand celui qui la vit garde le sentiment vivant de se respecter.

La fidélité dans un couple sera la rencontre, le heurt ou la complémentarité de deux fidélités personnelles. »

« Quand fidélité à l'autre et fidélité à soi peuvent cohabiter de façon harmonieuse, s'amplifier et se nourrir réciproquement, il n'y a pas de place pour l'infidélité. Mais oser dire : "Je ne peux pas continuer à rester engagé avec toi, car cela serait me trahir moi-même" semble très difficile. Aussi l'infidélité s'enferme-t-elle dans des silences, des non-dits, des mensonges. À l'occasion, elle aboutit à une double vie qui, lorsqu'elle est découverte, blesse celui qui se sent trompé ou trahi, et déstabilise aussi profondément celui qui s'est servi de ce dernier comme d'un alibi.

Mais si nous acceptons d'entendre au-delà des apparences, nous découvrirons que nous sommes plus souvent trompés par nous-mêmes que par autrui. »

« Nous appelons cela la fidélité à soi-même ; elle est perceptible quand nous sentons le respect profond de nous-mêmes, quand il y a congruence entre notre agir et nos convictions, entre notre ressenti et notre parole. »

INTIMITÉ

intimité

« La véritable intimité est celle qui permet de rêver ensemble aux rêves de chacun. »

S'abandonner, malgré les blessures

« L'intimité, la confiance, l'abandon qui caractérisent l'éveil à l'amour, nous ouvrent, nous libèrent effectivement, mais font remonter à la surface une partie de notre histoire intime, qui va se heurter à l'histoire de l'autre si elle n'est pas accueillie avec suffisamment de tendresse et d'ouverture pour faire l'objet d'un partage, d'une écoute bienveillante qui s'avérera bénéfique. Ainsi, de malentendus en ajustements, de doutes en confirmations, de témoignages en partages, se crée un espace fragile de rencontre entre deux êtres qui s'aiment et désirent poser les fondations d'une relation qui pourra s'inscrire dans la durée. »

« Vivre dans l'intimité d'un être réveille à la fois ses anciennes blessures et les nôtres. »

« L'intimité ne doit pas être confondue avec la proximité physique. Elle réside surtout dans l'abandon et la liberté d'être qui existent entre deux personnes. »

« L'intimité, c'est de pouvoir déposer des rêves et des projets de vie dans les possibles de l'autre… avec l'espoir d'en réaliser quelques-uns avec lui ou pour soi. »

Une double intimité

«Vivre à deux, que ce soit sur un territoire commun et dans la continuité ou sur des territoires séparés et différents, c'est-à-dire dans une relation discontinue mais stable, supposera la rencontre de deux intimités, la sienne et la mienne. Cette rencontre se jouera avec plus ou moins d'ouverture, d'abandon et de liberté mutuelle, ce qui ne veut pas dire réciproque.

Elle se vivra donc dans deux registres différents et complémentaires:

- celui d'une intimité commune, partagée et vivifiée;
- celui d'une intimité plus personnelle pas toujours partagée, ni partageable et respectée.

Toute vie de couple se structurera ainsi autour de deux modalités contradictoires et cependant complémentaires.»

«Vivre en couple, **ce sera:**

- **expérimenter, partager et agrandir une intimité commune sur le plan de l'espace d'un territoire ou sur celui du temps, sur le plan physique ou sur celui des échanges, des centres d'intérêt et de la créativité;**
- **accepter de découvrir, de reconnaître en soi et de tolérer chez l'autre le besoin d'une zone d'intimité personnelle;**
- **et enfin accepter de respecter le possible... voire le nécessaire, d'une intimité non partagée avec la personne qui, pourtant, partage l'essentiel de notre vie. "Essentiel" ne signifie ni "tout", ni "entièreté", ni "monopole".**

La vie de couple se construira donc sur un équilibre difficile et délicat à trouver autour de la définition et de la mise en pratique de cette double intimité.»

«L'harmonie n'est pas de tout faire ensemble, mais de pouvoir partager ensemble un maximum en osant vivre parfois pour soi... en dehors de la proximité immédiate de l'autre.»

«Quand je me sens habité, **confirmé, validé, à partir d'un vécu qui peut être entendu, surtout s'il est différent de celui de la personne proche, l'intimité ainsi créée est comme un levain à nos échanges.**»

Un jardin secret

« La sincérité dans un couple repose sur deux piliers : l'intimité commune et partagée, et l'intimité personnelle, tenue en réserve. Nous qualifions parfois celle-ci de "jardin secret" ou de "respect de soi". »

« Nous avons chacun d'entre nous un jardin secret, un espace sensible et vulnérable qui s'ouvre à la confiance d'une écoute empathique et chaleureuse, mais qui redoute l'arbitraire et la sécheresse d'un jugement couperet, d'un regard dévalorisant ou chargé de disqualifications.

L'intimité est trop précieuse pour mériter le funeste sort de la trahison. »

« L'intimité est à la fois un espace et un temps dont chacun a besoin, essentiellement pour pouvoir se rencontrer, pour pouvoir échanger avec lui-même. Un temps et un espace permettant à chacun de prendre soin de lui, de sa propre intimité. »

« L'intimité est une zone qui doit être protégée de l'ingérence des autres. Elle est balisée par une sorte de bulle à diamètre variable qui nous entoure, définit des limites implicites et nous protège. Chacun d'entre nous non seulement a droit à un jardin secret, constitué par son imaginaire et par tout ce qui gravite autour de ses rêves, de ses attentes, de ses désirs personnels, mais aussi à une attitude de respect de la part de l'autre. Nous nous attendons implicitement à ce que l'autre sente qu'il ne doit pas intervenir, poser de questions ou faire irruption quand nous sommes en dialogue avec nous-mêmes ou engagés avec quelqu'un d'autre. Qu'il n'a pas à violenter notre silence ou notre rêverie en nous demandant : "Mais à quoi penses-tu ?" ou "Que dites-vous ?"» »

« Il appartient à chacun d'entre nous de protéger son intimité en ne dévoilant pas n'importe comment ni à n'importe qui ce qui l'habite, ce qui est important pour lui. Respecter son intimité est un beau cadeau que l'on peut se faire à soi-même et par là même aux autres, surtout à ceux avec qui nous la vivons. »

« L'intimité inouïe de la rencontre sexuelle fait tomber les masques. C'est une mise à nu, un dévoilement sous le regard de l'autre, et les images de soi, physiques et morales, sont en question. Notre identité d'homme ou de femme, inscrite et bousculée en nous dès la puberté puis selon les enjeux de nos rencontres, est à l'épreuve. »

« Il est difficile de sortir du mythe que le plaisir nous est donné par l'autre, qu'il revient à notre partenaire de nous le faire rencontrer. Avant de devenir une communion possible, le plaisir est essentiellement personnel, il appartient à une histoire entre moi et moi, même si c'est par la médiation d'autrui qu'il s'actualise. Bien avant d'être partagé, embelli ou magnifié, il est un des langages de l'intimité avec soi-même. Oser envisager de me faire plaisir, sans vouloir à tout prix celui de l'autre. »

Une intimité vécue, vivante

« Il faut du temps, beaucoup de temps, pour créer une intimité harmonieuse.

Il faut beaucoup de temps, beaucoup d'amour et de patience pour apprivoiser l'intimité parfois proche, d'autres fois lointaine de l'autre.

Il faut beaucoup de temps, beaucoup d'amour et de lucidité pour savoir se respecter et pour reconnaître au-delà de nos intolérances les possibles fragiles et vulnérables, les émerveillements luminescents qui nous traversent, fugaces, et les ancrages qui nous habitent, durables. »

« L'intimité sera renforcée par le souci réel de valoriser, d'estimer, d'apprécier l'autre sans démagogie ou manipulation.

L'intimité vécue, ouverte, suppose, bien sûr, le dépassement de la "défiance", du "repli", de "l'agressivité". L'intimité c'est aussi être en contact, c'est-à-dire être vraiment là où je suis, dans ce que je fais, au plus près de ce que je dis. Être entier dans la situation, non partagé entre mon passé et mon futur.

Elle suppose aussi une égalité qui n'a rien à voir avec l'abolition des différences. Il s'agit plutôt de l'égalité dans la réciprocité du droit de demander, de dire, la réciprocité de la parole entendue. "Je te demande de m'entendre, même si tu n'es pas d'accord avec ce que je dis, surtout si tu n'es pas d'accord",

“Il est important pour moi de dire, de pouvoir exprimer mes désirs, mes peurs, mes fantasmes, mes utopies ; cela ne veut pas dire que j’exige une réponse ou leur réalisation… accueille ma parole, c’est elle qui me construit aussi”. »

« La disponibilité et l’écoute sont retenues comme des preuves d’amour et leur absence ou leur défaillance, reçues comme des manquements graves à l’amour. Il y a parfois chez l’un des partenaires une exigence, une intolérance qui ne supporte pas le moindre signe d’inattention à une invitation, d’hésitation ou de doute à une attente. L’intimité de l’un risque ainsi d’être violentée par la pression, l’urgence, l’imposition d’une demande. Oser dire “Je ne suis pas au service de tes attentes. Je ne t’ai pas épousé pour satisfaire tes besoins, je ne peux pas toujours entrer dans tes désirs” est un des risques de l’intimité vivante. »

Protéger la sphère de l’intimité

« S’il est important que les parents protègent leur intimité, ne la dévoilent pas et ne la galvaudent pas, il nous paraît tout aussi essentiel qu’ils puissent témoigner du plaisir offert et reçu. Qu’ils osent se sourire, se regarder et se toucher devant leurs enfants, qu’ils leur fassent l’inestimable cadeau de l’image d’une énergie heureuse — quand elle est là — circulant entre un homme et une femme. »

« Il arrive que nous ne puissions nous empêcher d’envoyer, que nous soyons enfant, adolescent, adulte, parent, professionnel, partenaire ou conjoint, des messages, des commentaires ou des remarques qui vont éloigner l’autre, souvent un proche, alors que justement nous souhaiterions l’inverse, à savoir un rapprochement, une meilleure compréhension de sa part. “Ma fille est venue me rendre visite après six mois de silence et, au lieu de lui manifester ma joie, mon plaisir, je me suis entendu dire, comme malgré moi : ‘Tu ne t’es pas fatiguée à m’écrire !’” Pour tout ce qui touche à la sphère de l’intimité, nous sommes, plus souvent qu’on ne l’imagine, de redoutables saboteurs, car nous nous arrangeons pour éloigner ce que nous désirons le plus, pour refuser ce que nous voulons, pour minimiser ce qui nous paraît important. »

LA PUDEUR

Parmi toutes les lois non écrites qui régissent la vie d'un être humain, il en est une qui s'apprend au travers d'un conflit intrapersonnel : la pudeur.

J'avais six ans, l'année de la grande école, et un matin, dans le rang où nous étions deux par deux avant de rentrer en classe, j'ai dit à mon meilleur copain, que je connaissais depuis deux jours, avec une voix qui a résonné dans tout le préau : « Je t'aime. » Il s'appelait Antoine, c'était mon ami depuis la rentrée. Il m'avait demandé, le deuxième jour, si je voulais jouer avec lui. Vous vous rendez compte ! J'étais devenu quelqu'un d'important puisqu'il voulait jouer avec moi. Depuis ce jour, je lui vouai une reconnaissance absolue, sans limites, et mon affection pour lui ne cessa de croître. D'où mon « Je t'aime », qui voulait lui confirmer qu'il pouvait compter sur moi, que j'étais moi aussi son ami. Il a rougi, détourné la tête, fait semblant de ne pas entendre ou de croire que cette déclaration ne s'adressait pas à lui. La maîtresse discutait avec sa collègue et le rang commençait à s'agiter. Je répétai : « Antoine, je t'aime. » Il se tourna violemment vers moi, me bouscula et, la bouche mauvaise, le regard dur, il a dit : « T'es fou ? T'es pas bien, non, de m'insulter devant tout le monde ! On ne dit pas des trucs comme ça, pour qui tu me prends ? »

Je découvris ce jour-là qu'on ne peut dire ses sentiments à n'importe qui, ni n'importe comment. La pudeur venait d'entrer dans ma vie.

Plus tard, j'ai réalisé que certains sentiments doivent rester voilés et peuvent se réserver pour mieux se donner dans l'abandon d'une intimité. J'appris à ne pas les offrir impunément, mais à créer un temps propice pour en révéler l'essence et la profondeur.

La pudeur a de multiples visages. Nous n'avions pas de salle de bains, et quand ma mère me « lavait en grand » dans la cuisine, ma pudeur se débattait contre la simplicité et l'évidence de ce commandement. Se laver en grand voulait dire se plonger tout nu dans la lessiveuse, opération qui se répétait tous les mercredis et les samedis soir « pour être propre comme un sou neuf », disait-elle. « Propre pour le jeudi, le jour des enfants, et le dimanche, le jour du Seigneur. » Cette fameuse lessiveuse était installée dans la pièce qui servait à la fois de cuisine et de salle à manger, mais dont la porte principale donnait sur le jardin commun à tout l'immeuble. Même si c'était un tout petit bâtiment de six logements, il y avait du passage et la situation présentait un risque : celui de l'irruption de l'une ou de l'autre des voisines qui pouvait surgir au moment le plus important de l'événement, quand ma mère me lavait le possible et l'impossible : « Il ne faut jamais oublier de se laver l'impossible, disait-elle chaque fois, devant et derrière... » Bien avant l'épreuve, je disposais deux chaises en écran, sur lesquelles je tentais de disperser mes vêtements et des serviettes, pour créer un obstacle, un coupe-regard, entre la porte d'entrée et ma nudité trop vulnérable.

Ma pudeur fut violentée avec une brutalité inouïe un jour de 1943, quand un groupe de grands gaillards, avec des bérets noirs ou verts, je ne sais plus, larges comme des tartes et qui débordaient de chaque côté de leur tête, envahirent notre école : « Ce sont des miliciens, ils sont avec les Allemands... » chuchotaient les plus grands. Ils venaient dans toutes les classes vérifier le sexe de chaque garçon : « Ils veulent savoir si t'es juif ou si tu es normal », assura le grand Bébert, qui savait tout parce que son père était communiste « et que les communistes ils ne s'en laissent pas conter, eux ! ». Cela se passa au fond de la classe, dans le coin du poêle, nous étions en novembre. Il fallait baisser son pantalon et même son slip et montrer son sexe à un type qui ajustait chaque fois ses lunettes pour mieux voir : « Bon, ça va, toi t'es français, mais tiens-toi tranquille. On t'a quand même à l'œil ! » Arrivé devant moi, il s'écria triomphant : « En voilà un, on n'aura pas perdu notre temps... »

L'instituteur laïque s'interposa : « Je vous assure qu'il est catholique, il a fait sa première communion, il va au catéchisme. Ce que vous voyez là, c'est un phimosis qu'il a eu, vous savez bien quand même ce que c'est, un phimosis !

— C'est ce qu'ils disent tous, mais on verra bien. S'il a été baptisé après 1940, phimosis ou pas, il est bon pour le grand départ ! »

J'avais été baptisé en 1935, mais j'avais été effectivement opéré d'un phimosis en 1938 ! Ouf ! j'étais sauvé, j'étais quand même un Français « presque normal » ! Mais j'avais bien senti un vent d'une violence inouïe souffler très près de moi. Ce jour-là, non seulement ce fut ma pudeur qui fut bousculée mais aussi une sécurité intérieure que je n'ai jamais retrouvée.

***

MALADIE *maladie*

« Une des fonctions cachées de la maladie serait de produire des maux écrans propres à rendre encore plus muettes les blessures insupportables de l'enfance. »

« Les maladies sont des langages symboliques avec lesquels nous tentons parfois d'exprimer avec acharnement, avec désespoir ou… avec plaisir ce que nous ne pouvons pas dire avec des mots, avec nos langages habituels, ce aussi à quoi nous n'avons pas directement accès et qui pourtant se crie en nous.

Les maladies sont les cris du silence. »

« Qu'on s'interdise de le dire (avec des mots) ou qu'on le taise (avec des maux), ça parle quand même et parfois si fort qu'on ne l'entend pas toujours du premier coup ! »

« Quand les *mots* ne trouvent pas un chemin pour être entendus et reçus, un autre langage prend naissance… celui des *maux*, qui se développent en maladies, en dysfonctionnements ou en troubles organiques. »

MON « INFIRMITÉ » A UN NOM, LA VÔTRE AUSSI…

Maman, papa,
puis-je vous rappeler que je souffre d'une infirmité ?

Puis-je vous dire que cette infirmité a un nom
et que je souhaite ne pas être confondu avec elle ?

Puis-je vous suggérer, maman, papa, d'oser entendre
que la personne handicapée, c'est chacun de vous ?

Vous allez être étonnés, bien sûr,
personne ne vous a jamais dit des choses pareilles.

Vous allez être surpris, choqués, peut-être !

Mais pour moi, qui suis votre enfant porteur d'une infirmité
visible, gênante et parfois aliénante, c'est une évidence !

Le handicap, dans notre relation, dans votre relation avec moi…
il est bien chez vous.

Je sais combien c'est difficile pour vous d'envisager ce point de vue.

D'oser accepter et de montrer que vous êtes handicapés
quand vous êtes en ma présence, quand vous tentez avec moi
les simples gestes du quotidien, autour des soins donnés à mon corps,
à propos de mon éducation, de mes loisirs,
de mon intégration dans le monde.

Au dehors, à la maison, dans les moindres actions
et les démarches les plus banales,
je sens bien que je vous mets en difficulté.

Ainsi, il a paru beaucoup plus facile, pendant des siècles,
à tous les parents meurtris et blessés d'avoir un enfant
frappé d'une infirmité majeure, souvent irrémédiable,
de se dire que le handicapé, c'était l'enfant !

D'ailleurs, tout le monde autour de vous le confirme,
va dans le même sens :

« Ils n'ont pas eu de chance, ils ont eu un enfant handicapé,
et patati et patata. »

Vous adhérez le plus souvent à une Association de Parents
d'Enfants Handicapés, pour vous soutenir mutuellement le moral,
pour mieux nous aider, pour avoir plus de moyens.

Mais quelle erreur de projeter, de déplacer ainsi
votre propre handicap sur moi !

Accepteriez-vous un jour d'adhérer à une Association de Parents Handicapés
par l'Infirmité de leurs Enfants ?

Ce serait tellement plus juste, plus vrai, plus honnête aussi.

Plus honnête, plus respectueux pour les milliers d'enfants infirmes

qui se sont vu attribuer l'étiquette : « Handicapé »
en plus de leur maladie ou de leur infirmité.

Papa, maman,
c'est un beau cadeau que vous pourriez me faire.

Premièrement, en symbolisant, par un objet, mon infirmité,
afin de ne plus me confondre avec elle.

Cela m'aidera à témoigner autour de moi de mon infirmité
en la montrant comme séparée de moi.

Deuxièmement, en symbolisant par un autre objet votre propre handicap,
un objet que vous porteriez de façon visible sur vous,
de façon à ne plus faire peser votre handicap sur moi,
et pour que chacun, autour de vous, reconnaisse que, malgré tout l'amour
et le dévouement dont vous faites preuve envers moi,
vous avez un lourd handicap, que vous portez avec courage :
celui d'avoir un enfant infirme.

En osant montrer cet objet sur vous, vous rappelleriez aux autres,
à tous ceux qui auront l'occasion de simplement me croiser,
de me rencontrer, ou d'entrer en relation avec moi, qu'ils portent eux aussi
une partie de ce handicap temporaire ou permanent.

Et chaque fois qu'ils me rencontreront dans la rue,
dans un magasin, chez le boulanger du coin,
ils pourront témoigner que le handicap est bien chez eux.

Car vous les avez vus, ils ne savent pas comment se comporter,
ni avec moi ni avec vous !

Ils font semblant de ne pas voir, ou alors ils s'apitoient,
en font trop...

Si, en plus, vous osiez prendre soin de votre propre handicap,
lui donner de l'attention, de l'intérêt, de la bienveillance,

vous m'aideriez plus que vous ne pouvez le penser,
je me sentirais moins coupable d'avoir déclenché tant de malaise
et de souffrance chez vous !

Mon copain « trisomique », puisque tout le monde l'appelle ainsi, me disait :

« Mais pourquoi ils me confondent toujours avec ma trisomie ? »

Oui, pourquoi ?

Il ajoutait, avec colère : « Et pourquoi ne reconnaissent-ils pas
qu'ils sont handicapés d'avoir un enfant avec une infirmité comme la mienne,
puisqu'ils ne peuvent faire avec moi
ce qu'ils font naturellement avec leurs autres enfants,
mes frères ou mes sœurs ?

Ce sont bien eux les handicapés
dans la relation qu'ils ont avec moi ! »

Il n'est pas bête, mon copain, de penser comme il pense,
et de se poser ces questions !

Moi, je crois qu'il a compris beaucoup de choses :
il ne veut pas que l'on confonde son infirmité et le handicap qu'elle déclenche
chez les autres.

***

MORT *mort*

«Le contraire de la mort n'est pas la vie, c'est la naissance. Chaque perte d'un être cher peut ainsi ouvrir à une nouvelle naissance.»

La liberté de mourir

«Je crois que nous pouvons donner à quelqu'un qui touche à la fin de son cycle de vie la permission de lâcher prise sur l'existence, d'oser passer de l'autre côté. Beaucoup de personnes âgées, malades ou en souffrance de vie, s'interdisent en quelque sorte de lâcher prise parce qu'elles ont le sentiment très fort que leur mission n'est pas achevée, que l'on a encore besoin d'elles, que leurs proches ne s'en sortiront pas si elles viennent à disparaître...

Je crois qu'oser témoigner de la liberté de mourir est un acte d'amour de notre part, les enfants, quand il s'agit de nos parents, et de la part des proches et des amis. "Mais oui, tu as le droit de mourir. Tu as le droit de terminer ta vie dans la dignité, dans la plénitude avec toi-même. C'est à toi de le décider pour toi", pourrions-nous dire.»

«Le plus souvent, par pseudo-respect, nous forçons en quelque sorte la personne à la fin de son cycle de vie à continuer à vivre. Nous la bousculons, croyant l'invigorer, nous nions sa réalité intime. Pensant l'aider ou la rassurer, nous l'incitons à lutter et à se battre contre la mort, mais ce faisant nous combattons surtout nos peurs, nous voulons atténuer notre désarroi, justifier notre rôle d'aidant : "Mais non, il ne t'arrivera rien de grave, le docteur a dit que tu étais solide comme un roc, que tu pouvais encore vivre des années...", "Allez, arrête d'avoir des idées noires, tu sais que nous ne voulons pas que tu meures, nous sommes là pour t'aider.". Nous cherchons ainsi à prolonger la vie de celui ou celle qui voudrait peut-être passer de l'autre côté et se reposer, arrêter de lutter ou de souffrir, se dissoudre dans les limbes de l'infini.»

«Il appartient à chacun, dans sa liberté intérieure et en accord avec lui-même, de trouver les mots et le courage d'oser dire: "Si tu sens que ton temps de vie est arrivé à son terme, tu as le droit de lâcher prise et de passer de l'autre côté." Une telle autorisation, entendue dans le sens de rendre l'autre auteur, c'est-à-dire créateur, est un cadeau précieux que nous devrions oser offrir.»

La mort d'un enfant

«La mort d'un enfant est une injustice dans l'ordre du monde, mais le suicide de son propre enfant est une violence inacceptable infligée à la vie.

Les parents devront donc vivre avec une blessure à vif, jusqu'au moment où ils comprendront, peut-être, que la mort de leur enfant a bien résulté d'une décision que celui-ci avait prise, celle de mettre fin à ses jours, et que cette décision lui appartenait. Alors, ils comprendront peut-être aussi qu'ils ne devraient pas s'attribuer la responsabilité de cette mort en se culpabilisant et, ce faisant, en déposséder leur enfant. La possibilité de faire le deuil de l'enfant qui s'est donné la mort et d'assumer sa position de parent passe par la reconnaissance de la responsabilité de l'enfant: "C'est bien lui, et lui seul qui a mis fin à ses jours..."

«Les parents ne devraient pas oublier que la décision de leur enfant était sans doute la seule qu'il ait pu prendre à propos de son existence, en fonction de la liberté qui était sienne à ce moment-là de sa vie.»

« C'EST VRAI, QU'ELLE EST MORTE, MAMIE ? »

À un enfant qui demande étonné, curieux ou inquiet : « C'est vrai qu'elle est morte, mamie ? » ; « C'est vrai qu'elle va habiter au cimetière ? », les parents tentent généralement de répondre en essayant d'expliquer, de rassurer. Il leur arrive cependant de nier ce qu'ils supposent être un doute ou une angoisse chez leur enfant. C'est souvent parce qu'ils essaient de cacher leur propre peine d'avoir perdu une mère ou un père.

« Mais quand est-ce qu'elle va revenir ? » ; « Qu'est-ce qu'elle va devenir ? » ; « Comment elle va dormir, elle qui se réveille toutes les heures ? » peut encore demander l'enfant.

Il arrive que les adultes tentent de retarder la nouvelle, voire de la cacher. Ils ont du mal à dire à un enfant qu'un proche est mort. Ils utiliseront des euphémismes, dériveront sur d'autres sujets, construiront une histoire à partir de leurs croyances : « Nous avons perdu grand-mère, mais là où elle est, tu sais, elle n'a besoin de rien, elle est moins malheureuse que lorsqu'elle était vivante ! » Malgré ces réassurances, l'enfant peut croire que, puisque mamie est perdue, il pourrait, lui, essayer de la retrouver. Il tentera donc de la chercher et marchera parfois les yeux au ciel, essayant d'entrevoir le visage, le sourire ou les yeux de sa grand-mère dans le dessin des nuages !

Nous, les adultes, savons mal comment nous situer face à la mort. Nous n'osons pas dire simplement que nous ignorons ce qu'elle est ! La seule chose que nous savons, c'est que nous ne pourrons plus voir, recevoir, toucher la personne décédée. Nous pouvons tout de même penser à elle, l'imaginer, dialoguer avec elle dans notre tête. Et nous découvririons certainement qu'il nous est possible de parler de notre chagrin, de notre peine, de notre vécu avec celui ou celle qui n'est plus là !

Nous pourrions aussi inviter l'enfant à dire adieu pour toujours à la personne décédée, car nous savons qu'il ne la reverra pas. Seul son souvenir restera. Un enfant a le droit d'avoir de la peine, d'être triste, et même d'éprouver de la colère devant la mort d'un être significatif pour lui. Ce n'est pas l'aider que de tenter de minimiser son chagrin ou de faire taire sa colère. Nous devons plutôt l'accompagner dans ses sentiments, lui permettre de les verbaliser ainsi que de dire ses croyances.

Les enfants ont souvent besoin d'un petit rituel pour accompagner le deuil : par exemple, mettre dans une boîte un objet qui représente tout l'amour qu'ils auraient donné à la personne si elle avait vécu ; ou écrire une lettre pour dire en quoi papy, ou mamie, était important pour eux. Nous pouvons commencer très tôt à leur apprendre que la vie humaine a un début, une croissance, un développement, une fin et que nul ne sait à l'avance quand se terminera un cycle de vie.

***

OSER

Oser

Oser être soi

Oui, à qui aurais-je peur de faire de la peine
si j'osais être moi-même ?
si je prenais le risque de me sentir bien ?
de réussir ? de grandir ? de me détacher ?
Vers qui dois-je faire la preuve que je suis autre
ou différent de ce que l'on veut ou l'on attend de moi ?
C'est en tentant de répondre à ces questions
que j'ai appris beaucoup sur moi.

« Le plus difficile dans la vie est d'oser la vivre pleinement. »

« Être sincère signifie d'abord oser tout se dire à soi-même et prendre le risque de l'entendre. Cela révèle que nous cherchons l'harmonie et la cohérence entre ce que nous pensons et ce que nous disons, entre ce que nous éprouvons et ce que nous faisons. »

« Oser dire non à l'autre, c'est parfois dire oui à un peu plus de soi-même. »

« C'est en osant dire NON *que j'ai appris à dire un vrai OUI. Cela peut s'écrire, se lire et s'affirmer dans les deux sens : j'ai appris à dire Oui, en osant dire Non.* »

« Oser demander, oser proposer, oser inviter ou faire les premiers pas vers quelqu'un sans anticiper le refus, la gêne ou le manque que nous projetons sur lui, c'est aussi une façon de respecter l'autre en arrêtant de penser à sa place et d'imaginer que nous allons le gêner ou le contraindre. C'est surtout arrêter de l'infantiliser en pensant à sa place ! »

« Oser écouter, entendre et reconnaître son aspiration, oser le risque de la recherche, oser le temps des tâtonnements et de l'errance, celui de la confrontation et celui de l'engagement, avec comme règle de vie à ne pas transgresser celle de garder le respect de soi-même et d'accepter de devenir l'écoutant et parfois le disciple de toute rencontre avec le divin qui est en soi, quand celle-ci est proposée dans la rigueur, la tolérance et l'amour. »

« À qui ferai-je de la peine si j'ose réussir ?
Qui vais-je mettre en difficulté si j'ose être heureux ?
Qui sera catastrophé si je suis moi-même ? »

« Je ne crois pas en ce qu'on appelle la chance. *Par contre, je crois en la capacité de chacun de s'ouvrir aux mille signaux invisibles qui traversent l'espace pour venir jusqu'à nous, et en la capacité de certains d'oser les recevoir, les accueillir et en faire quelque chose dans leur existence.* »

« Si je ne prends pas le risque de demander, parce que j'attends que l'autre comprenne la demande que je n'exprime pas, je risque de passer une partie de ma vie à lui reprocher de ne pas entendre les demandes que je ne lui fais pas ! »

« Si je veille soigneusement à ne rien accepter d'autrui, je peux garder l'illusion d'une pseudo-autonomie en ayant le sentiment que je ne dois rien à personne.

Autre prolongement : quand j'érige l'autoprivation en règle de conduite, je ne dois pas m'étonner de vivre une vie de frustration. »

« Oser demander en laissant à l'autre la responsabilité de son refus ou de son acceptation. »

Règle de vie

Osez être à l'écoute de votre personne,
dans le respect de ce que vous êtes,
c'est le seul chemin pour rencontrer le meilleur de vous-même.
Rassurez-vous en prenant appui
sur le meilleur de vous et de l'autre
quand ce dernier est proche de vous.

PARENT

parent

« Le plus important restera ce que, enfant, nous avons vu circuler entre nos parents : pétillement, érotisme, joyeuseté, pesanteur, ennui, éloignement… »

Le douloureux sevrage

« Beaucoup de parents, oubliant que l'amour parental est un amour donné à l'enfant afin de lui permettre de les quitter, de se séparer de sa famille, entretiennent subtilement la mainmise infantilisante sur leurs enfants et nourrissent leur dépendance vis-à-vis d'eux. »

« Pour devenir adulte vraiment, il nous faudra tuer nos parents imaginaires, ceux que nous aurions voulu avoir, ceux que nous avons idéalisés ou les monstres que nous nous sommes fabriqués, pour accepter de reconnaître nos parents réels. Au-delà des parents, tenter de rencontrer un homme et une femme, et peut-être entrevoir l'enfant qui coexiste encore en eux. »

Désirs des enfants, désirs des parents…

« Il serait naïf de croire que le désir *des parents est tourné vers le mieux-être de leurs enfants ! Le véritable désir des parents, c'est de ne pas être inquiétés… par leurs enfants !* »

« Le rôle des parents, c'est de confronter les enfants à leurs désirs et de leur demander ce qu'ils ont l'intention de faire pour leurs propres désirs. »

«Bien sûr, certains désirs réclament, parfois avec violence, d'être comblés et satisfaits. Les enfants et les adolescents d'aujourd'hui, que j'appelle "les enfants du désir", ont été élevés, tous milieux confondus, par des parents qui ont satisfait par faiblesse, par crainte de traumatiser ou par identification, presque tous leurs désirs. Ce faisant, les parents ont paradoxalement oublié quelques-uns des besoins essentiels des enfants: besoins de présence, de suivi, de sécurité et de stabilité relationnelle.»

« Avec nos enfants, nous devrions choisir d'exprimer nos désirs plutôt que de nous centrer sur les peurs qu'ils suscitent: "Quand je te dis que j'ai peur que tu redoubles, je pense surtout à mon désir que tu passes dans la classe supérieure", ou "Quand je dis que j'ai peur de la drogue, j'essaie surtout de te dire mon désir que tu n'en prennes pas".»

«Tout dialogue avec eux *devrait s'appuyer sur nos désirs plutôt que sur nos peurs, sans toutefois confondre un désir vers l'autre (plutôt stimulant) et un désir sur l'autre (plutôt aliénant!).*»

«Les enseignants attendent beaucoup des parents, ils sollicitent leur concours, souhaitent leur soutien, exigent d'eux vigilance, fermeté, collaboration. Mais ils se montrent souvent pleins de reproches, de critiques, de jugements de valeur à propos de ce qu'ils considèrent comme un manque d'autorité, du laisser-aller ou de l'inconsistance de la part des parents.

Les parents d'élèves, quant à eux, sont parfois remplis de préventions, d'accusations et de reproches vis-à-vis des enseignants d'aujourd'hui. Selon eux, ces derniers ne savent pas se faire respecter, ne demandent pas assez (ou trop) de devoirs, laissent tout faire dans leurs classes…

Les malentendus sont fréquents, chroniques, sous-tendus par l'espoir que l'année suivante, en changeant de classe ou d'établissement, les uns trouveront, c'est sûr, des parents prêts à collaborer et compréhensifs, les autres, c'est certain, des enseignants compétents et pleins d'autorité.»

« Investissement » et terrorisme relationnel

« Nous aimons nos enfants, nous leur donnons beaucoup — mais en même temps, nombre de parents attendent symboliquement une *restitution* (je mets le terme en italique…) de leur mise de fonds. Mise de fonds affective ("Je t'ai donné beaucoup d'amour"), mise de fonds relationnelle ("Je me suis sacrifié pour toi, j'ai passé l'essentiel de mon temps à m'occuper de toi"), mise de fonds matérielle ("J'ai tout fait pour toi"), mise de fonds financière ("Avec tout ce que tu nous as coûté, on aurait pu avoir une vie tranquille, sans problèmes"). »

« En fait, tout se passe comme si les parents attendaient inconsciemment, au travers de la réussite scolaire, sociale, sportive de leurs enfants, une rentabilisation visible de leur investissement ! Ils attendent que leurs enfants non seulement travaillent à "temps plein" comme écoliers, mais aussi qu'ils réussissent et obtiennent des résultats ; qu'ils remboursent en quelque sorte, par leur application, l'investissement qui a été fait sur leur avenir !

Parallèlement, on demande de moins en moins aux enfants de participer aux tâches ménagères et aux petits actes de la vie quotidienne pour soulager l'un ou l'autre des parents, car l'exigence d'une réussite scolaire et plus tard professionnelle est au cœur même de la préoccupation des adultes.

L'ambivalence des parents les entraîne, me semble-t-il, à des conduites paradoxales. Ainsi peuvent-ils être amenés à combler les désirs de leurs enfants avant même que ceux-ci ne les énoncent, alors qu'ils oublient par ailleurs de répondre aux besoins élémentaires de sécurité, de présence, de cohérence et de continuité qu'éprouvent les enfants dans les soins et le soutien qui leur sont prodigués. Ce faisant, les parents entretiennent, d'une certaine façon, la dépendance des enfants à leur égard, certains enfants restant trop longtemps dans l'illusion que tout leur est dû sans contrepartie, sans limitation dans le temps et l'espace. Tout se passe comme si, en réponse à la pression qui s'exerce sur eux, les enfants mettaient en place des mécanismes de fuite, de résistance, d'assistanat ou de victimisation qui enferment les parents dans encore plus d'apport, de soutien, de prise en charge…

Il serait important que les parents prennent clairement conscience de leur ambivalence et s'en dégagent, ainsi que des effets contradictoires qu'elle produit, car elle empoisonne en profondeur et durablement la relation qu'ils ont avec leurs enfants. »

D'HIER À AUJOURD'HUI, NOS PARENTS...

La lectrice qui m'interpella sur ce sujet me disait : « J'ai quitté le domicile de mes parents depuis cinq ans, je vis avec mon compagnon, mais chaque rencontre avec mes parents est gâchée... Ça se passe toujours mal, je ne m'en sors pas et chaque fois je suis furieuse contre eux et surtout contre moi-même ! » Elle ajoute : « Je me sens sabotée par ma mère, quelquefois même par mon père qui la soutient. On ne peut pas rester plus de 10 minutes ensemble sans que se déclenche un conflit, sans qu'elle fasse une remarque qui me blesse, me rappelle un fait, une situation qui me disqualifie ou me rabaisse. Elle se mêle de tout et mon compagnon en arrive à la détester, parce qu'il subit les conséquences de l'état émotionnel dans lequel je suis après chacune de nos visites... »

Ce genre de situation est très fréquent. Nous aimons nos parents, mais nous avons souvent avec eux une relation difficile, chargée de tensions et d'incompréhension mutuelle. Le sevrage relationnel, c'est-à-dire, pour les parents, le renoncement à continuer d'exercer une emprise, une influence sur leurs enfants, est quasiment impossible pour certains. Ils continuent de considérer leurs enfants adultes comme des êtres immatures et ne se privent pas pour multiplier les conseils, les reproches ou les jugements de valeur sous n'importe quel prétexte : vêture, choix de vie, comportements, profession, éducation des petits-enfants... Au travers de cela, nous pouvons entendre qu'ils cherchent désespérément, pathétiquement même, à maintenir un lien de dépendance. Certains redoutent par-dessus tout de découvrir qu'ils sont passés à côté de leur propre vie... C'est pour cela qu'ils s'accrochent tant à celles de leurs enfants devenus des adultes !

En se mêlant de la vie intime de leur fille, de leur fils, en faisant intrusion dans le couple de leurs enfants, ces parents peuvent aussi tenter d'échapper à leurs propres problèmes de couple : « Je n'ai aucune influence sur mon mari, mais je peux tenter d'en avoir sur mon fils... »

Il arrive enfin que la relation avec les enfants soit maintenue de façon superficielle, à coups de conflits par lesquels les parents se donnent l'impression de servir encore à quelque chose... D'autres parents, pour peu que leurs enfants suivent leurs conseils, peuvent entretenir le leurre qu'ils sont toujours de bons parents...

Pour les enfants devenus adultes, trouver la bonne distance avec leurs parents les confirmera eux-mêmes dans leur rôle de parents. Se faire reconnaître comme adulte par ses parents est parfois une tâche sans fin.

***

PEUR
peur

Oui, j'étais un homme de peurs
Ah ! mes peurs, parlons-en !

Pendant longtemps dans ma vie d'enfant,
puis d'adulte, elles furent sans cesse présentes,
énormes ou subtiles, effrayantes et toujours tenaces.
Au début, j'ai tenté de tricher avec elles,
de faire le sourd ou le superbe.
J'ai essayé par tous les moyens de les tromper,
de les oublier, de les rejeter loin
dans les ténèbres de mes oublis.
Ah ! que d'efforts, que de violences, que d'énergies
pour les maintenir au plus bas,
pour les minimiser, pour les nier !
Oui, j'ai tenté aussi de les apprivoiser, de les amadouer,
de les séduire en les expliquant, en les analysant,
en les écoutant même parfois.
Mais tout au fond de moi, restait la peur d'être dominé,
envahi surtout.
J'étais traqué, bloqué dans mes ressources,
plein d'incertitudes sur mes possibles.

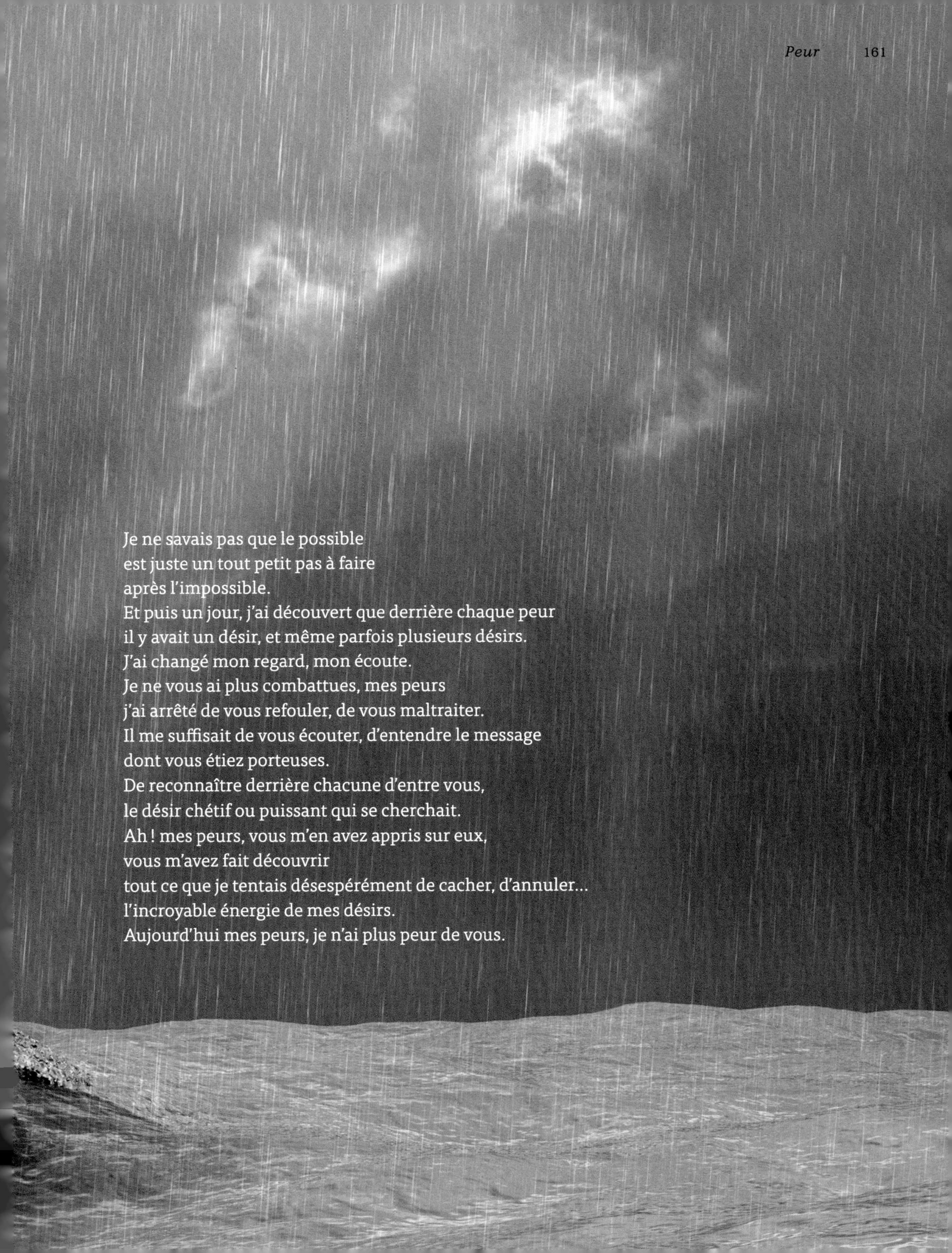

Je ne savais pas que le possible
est juste un tout petit pas à faire
après l'impossible.
Et puis un jour, j'ai découvert que derrière chaque peur
il y avait un désir, et même parfois plusieurs désirs.
J'ai changé mon regard, mon écoute.
Je ne vous ai plus combattues, mes peurs
j'ai arrêté de vous refouler, de vous maltraiter.
Il me suffisait de vous écouter, d'entendre le message
dont vous étiez porteuses.
De reconnaître derrière chacune d'entre vous,
le désir chétif ou puissant qui se cherchait.
Ah ! mes peurs, vous m'en avez appris sur eux,
vous m'avez fait découvrir
tout ce que je tentais désespérément de cacher, d'annuler...
l'incroyable énergie de mes désirs.
Aujourd'hui mes peurs, je n'ai plus peur de vous.

Derrière toute peur : un désir

« Au-delà des désirs, les peurs vont constituer une source puissante de stimulations ou d'inhibitions dans la recherche de l'autre et dans les rencontres amoureuses.

Ainsi, la peur de ne pas être aimé peut entraîner quelqu'un à se lancer dans une course éperdue vers de multiples rencontres, à la recherche tous azimuts d'une confirmation de sa valeur, de l'intérêt qu'il peut susciter, d'une réponse à son besoin d'être aimable. Pour d'autres au contraire, la même peur de ne pas être aimé peut paralyser, interdire ou fausser la rencontre possible avec l'autre. »

« Nous mettons souvent longtemps à le découvrir : derrière toute peur existe un désir. Cette affirmation un peu péremptoire et simpliste risque d'en troubler plus d'un ! Pourtant, si nous prenons le temps d'écouter ce qui se cache derrière la plupart de nos peurs, nous entendons que beaucoup de désirs sont à l'œuvre en nous, qui n'osent s'exprimer directement, se manifester clairement ni s'énoncer comme ils le devraient.

Si j'ai peur d'avoir un cancer, il est vraisemblable que je désire que mon corps n'en produise pas un ! Si j'ai peur que ma bien-aimée ne m'aime plus, c'est certainement que je souhaite qu'elle continue de m'aimer. Si je redoute d'être mis à la porte de mon emploi, c'est sans doute que je tiens à le garder.

Ces quelques exemples suffisent à montrer que reconnaître et exprimer son désir est plus dynamique que de se laisser enfermer par ses peurs, de les ruminer ou de les imposer en permanence à son entourage proche !

Il existe aussi des peurs "à tiroirs". Des peurs qui ne sont que le masque d'autres peurs et donc de désirs plus archaïques, plus diffus ou plus contradictoires, plus difficiles à circonscrire et à reconnaître. Ainsi, la peur du noir. Ce n'est pas le noir qui effraie, mais ce que nous imaginons qui pourrait surgir du noir. Chez certains enfants, la peur du noir peut cacher le désir de dormir dans la chambre des parents et de se mettre "justement entre les deux!" ou celui "d'avoir maman toute à moi quand papa n'est pas là...".

La peur des voleurs, chez des adolescentes, peut être liée à la crainte d'une intrusion intime, et masquer un désir plus difficile à reconnaître, celui d'une rencontre amoureuse bienveillante, non menaçante.

Il appartient à chacun d'écouter et d'entendre le désir qui existe derrière chaque peur et d'oser le respecter... »

« Une saine inquiétude n'inquiète pas **réellement, elle dynamise ; elle est l'équivalent, quand on étouffe dans sa passivité ou sa morosité, d'une bouffée d'oxygène. Mais trop d'inquiétude peut rendre la vie trop fébrile pour l'inquiet, et invivable pour ses proches.** »

«Nous sommes des êtres aux peurs innombrables qui viennent du fin fond de l'humanité et s'actualisent dans notre histoire individuelle et familiale.»

La peur dans le couple

«L'anxiété semble être à l'origine **de la plupart des difficultés sexuelles. Pour l'homme comme pour la femme, la rencontre sexuelle est chargée de multiples peurs. Elles ne font le plus souvent l'objet d'aucun partage, d'aucune communication. L'absence de parole fera que les peurs seront mises en actes, sous forme de refus, de censure, de fuite du désir, d'absence de plaisir, d'éjaculation précoce, etc.** »

«Si la violence est le déguisement favori de la peur, la haine est le masque de l'amour blessé. Quand surgissent haine et violence dans un couple, tentons d'entendre les sentiments humiliés et les peurs réveillées en nous, chez l'autre.

Et gardons-nous d'oublier que la haine humilie plus celui qui la porte que celui ou celle à qui elle est destinée.»

DIALOGUE PRIS SUR LE VIF

L'été dernier, en Avignon, installé à une terrasse sur la place de l'Horloge, je rêvais. J'avais en effet du temps, étant arrivé en avance à un rendez-vous qui n'avait rien d'urgent. Est-ce cela qui me rendit disponible pour suivre le dialogue surréaliste qu'entretinrent une dame et le garçon de café ?

« Garçon, s'il vous plaît, pouvez-vous me rendre la monnaie, je m'en vais.

— Mais je vous l'ai rendue, madame !

— Ah bon ! dit la dame calmement. Excusez-moi, c'est parfait, dit-elle en souriant au garçon qui tente de s'excuser. Ne vous inquiétez pas, précise-t-elle, je suis distraite, j'ai la tête ailleurs. »

Le garçon la regarde, il est encore hésitant, elle lui confirme que tout va bien. Il éprouve cependant le besoin d'ajouter :

« Je vous assure, je vous ai rendu la monnaie, huit euros sur votre billet de vingt...

— J'en suis persuadée, dit la dame, ne vous inquiétez pas, tout est bien, je vous crois.

— Non, mais je vous assure », s'accroche le garçon.

Il est jeune, avec un regard bleu, puéril, il semble pour l'instant un peu perdu, son front se plisse, la dame lui sourit. Il insiste :

« Regardez bien votre porte-monnaie, Madame. »

Il paraît craintif, inquiet, veut convaincre, ne peut, semble-t-il, supporter d'être soupçonné. La dame, pour lui faire plaisir, ouvre son porte-monnaie, tripote quelques pièces, sort quelques billets, puis lui dit :

« Pas de problème, j'ai mon compte, je vous crois, c'est tout bon !

— Oh ! Madame, s'exclame-t-il alors, plus agité. Faites attention, ne sortez pas vos billets comme ça ! Il y a des gens mal intentionnés, vous savez !

— Ah bon ! vous croyez ?

— Il y a des gens mauvais, je vous assure, il se passe tant de choses, si vous saviez...

— Moi, je crois que les gens sont naturellement bons, je le crois, je n'ai pas d'inquiétudes. »

Puis elle se lève pour partir, toujours souriante.

Le garçon l'accompagne quelques pas et dit :

« Ça fait rudement du bien d'entendre ça ! Comme je voudrais que ce soit vrai ! »

Soudain, il a l'air plus triste ; c'est qu'il croit, au plus profond de lui, que la dame se trompe — une nouvelle fois...

***

PLAISIR

plaisir

Donner sa chance à l'instant

Avec toi
je sens le temps de la durée.
Avec toi
j'ouvre chaque seconde comme une éternité et
plonge incandescent dans le ventre opulent de l'instant.
Avec toi
dans l'éclair de tes yeux je retiens l'infini
pour en faire un présent.
Avec toi
le manque s'abolit aux confins du futur
pour devenir aimance.
Avec toi
c'est la mer retrouvée à jamais, c'est la vague fluide des rires,
l'ondulance du plaisir.
Avec toi
j'unifie l'univers.
Avec toi
je détiens une bribe d'absolu pour distancer la mort.
Et dans l'inespéré d'un seul geste
je prolonge l'espace et le temps
aux rives d'une naissance.
Avec toi
je reçois la vie dans les bras du soleil.

Oser son plaisir

« Oser son plaisir, surtout quand il ne dépend que de soi, suppose beaucoup, beaucoup de liberté d'être. Mais cette liberté d'être dépend du travail que l'on peut faire sur soi. »

« Celui qui se prive de plaisir accumule des désirs fantômes et malsains dans les moindres recoins de sa vie. »

Le plaisir du corps

« Le plaisir est une expérience, une création en lui-même, avant tout intime, qui consiste à accéder à l'abandon de ses sens, abandon d'où émergera l'orgasme qu'il s'agit ensuite d'accepter d'offrir et de partager, voire de développer avec l'autre. »

« Elle m'a appris à regarder son corps, à entendre sa respiration, à accompagner son rythme, à écouter l'infini de mon désir au soleil de son plaisir.

Elle m'a appris les mots de l'amour et les cris du plaisir. »

« Beaucoup de partenaires ont une grande méconnaissance de la nature même du plaisir, des possibles que peut offrir le partage, de la liberté ou de l'impossibilité de se dire et d'échanger des mots pendant la rencontre des corps.

En matière de plaisir, qu'il soit féminin ou masculin, il faudrait parler non pas d'orgasme mais des orgasmes. Nous le savons bien, aucun ne ressemble à un autre, aucun ne peut servir de référence ou de modèle ni se vivre dans la répétition ou l'uniformité par rapport à ceux qui l'ont précédé. »

« On peut avoir du plaisir, sans aller jusqu'au plaisir... »

Un plaisir vital : rire

« Rire n'est pas une question d'habitude, c'est un plaisir, un plaisir vital. Rire est en relation directe avec le bien-être, le plaisir d'être vivant, le fait de se sentir bien dans sa peau et avec autrui. C'est une façon de dire : "J'occupe le présent, je ne suis pas soucieux de l'avenir, ni persécuté par mon passé." Rire est lié à la capacité de saisir la dimension joyeuse, étonnante ou surprenante de la vie dans une situation particulière. »

« Je crois avoir un jour donné ce conseil à mes filles : "Un homme qui sait vous faire rire, intéressez-vous à lui, mais si en plus, il sait jouer, alors faites-lui un collier de vos bras et ne le perdez plus." »

« Celui qui ne sait pas sourire de lui-même ne connaît pas le plaisir de rire pour rien, simplement pour le plaisir de rire. »

RECEVOIR

recevoir

«Recevoir, c'est abandonner ses défenses, c'est s'ouvrir, c'est accepter l'altérité, la différence.»

«Il est possible d'apprendre à mieux recevoir en évaluant la qualité de ce qui vient de l'autre à l'aune de ce que l'on ressent. Ce qui me vient de l'autre est-il bon pour moi? Si oui, je peux l'accepter sans hésiter. Quand ce qu'il m'offre est bon, puis-je le reconnaître? Quand ce n'est pas bon, puis-je le lui restituer? Je peux ainsi accéder à la liberté de recevoir sans me sentir ni pollué, ni coupable, ni redevable. Je peux accepter de recevoir sans me positionner comme étant redevable de ce que j'ai reçu!»

«Le recevoir n'est pas une attitude passive, c'est une position relationnelle très dynamique. Mais encore faut-il accepter de laisser venir jusqu'à soi ce qui vient de l'autre. C'est dans un second temps (infime) que nous allons sentir si nous pouvons accueillir ce qui correspond à nos attentes, puis l'amplifier et l'agrandir en nous, ou au contraire rejeter ce qui ne correspond pas à nos désirs, à nos attentes ou à notre sensibilité.»

«J'ai des relations ouvertes et créatives quand je sais:

- demander en proposant, en invitant;
- donner en offrant, en suggérant;
- recevoir en accueillant, en entendant et en me positionnant;
- refuser en sachant m'affirmer et témoigner de mon point de vue.

J'ai des relations plus fermées et infantilisantes quand je ne peux pas m'empêcher de:

- demander en exigeant, en menaçant;
- donner en imposant, en culpabilisant ou en manipulant;
- recevoir en m'opposant, en dénigrant ou en minimisant;
- refuser en rejetant, en critiquant avec des jugements de valeur sur la personne.

Conclusion: Je suis coauteur de la qualité de mes relations.»

«Recevoir est à double tranchant. C'est une ouverture féconde et c'est un risque d'intrusion, de pénétration dans notre univers. Recevoir, c'est prendre le risque d'être influencé, donc de changer.

Recevoir, c'est s'ouvrir, c'est s'abandonner, c'est accueillir, garder. C'est lâcher une crispation inquiète qui tente de maintenir le contrôle, de protéger l'intégrité sous divers prétextes.

"Je ne mérite pas…"

"Je veux le faire moi-même."

"Je ne veux rien devoir à personne."

Recevoir est un équilibre délicat à trouver entre se laisser envahir et se fermer, entre porosité et imperméabilité. Plus une personne sera différenciée et bien centrée, plus elle sera apte à recevoir sans s'aliéner.»

«Le donner oblatif, c'est-à-dire celui qui est offert sans contrepartie, sans s'imposer ni se valoriser, est plus rare qu'on ne l'imagine. Aussi, n'hésitez jamais à l'accueillir et à le recevoir comme l'équivalent d'un miracle: cela s'appelle aussi un cadeau.»

«Pour éviter de recevoir, et peut-être de se sentir en dette, certains s'investissent beaucoup dans le "donner" tous azimuts. Ces "donneurs chroniques" à répétition ont beaucoup de mal à recevoir. Chaque fois que vous leur donnez quelque chose, ils s'arrangent pour vous le rendre le plus vite possible. Le "donner" excessif permet non seulement de maintenir l'autre à distance, mais de garder la position haute dans une relation. Cette posture relationnelle place l'autre implicitement dans la dette. Et en refusant de recevoir en retour, le "donnant" maintient un rapport de force à son profit.»

«Recevoir est le miroir du don. Il lui permet de prendre toute sa place, de s'offrir sans réticence.»

«C'est celui qui reçoit avec générosité qui vivifie… celui qui donne.»

RELATION
relation

Il ne suffit pas d'aimer

Il ne suffit pas de lui dire « je t'aime »
si je ne peux accueillir la totalité
de cet amour en moi.
Il ne suffit pas d'accepter d'être aimé,
si je ne peux accorder ma relation
avec le don que m'offre son amour.
Il ne suffit pas de lui dire mes désirs,
encore faut-il que j'accepte
aussi de ne pas les lui imposer.
Il ne suffit pas qu'elle me dise les siens
si je ne sais pas les recevoir ou les amplifier.
Il ne suffit pas de lui laisser croire
que je veux une relation
quand je ne souhaite qu'une rencontre.
Il ne suffit pas que je réponde à ses attentes
si je ne sais pas définir les miennes.
Il ne suffit pas de lui laisser croire
qu'elle peut m'aimer,
si j'ai peur de l'amour
ou si je crains de devenir dépendant.
Il ne suffit pas de me laisser aimer
si je redoute mes propres sentiments.
Il ne suffit pas d'être passionné
si je confonds ses besoins avec les miens.
Il ne suffit pas de me montrer avec elle
si je ne la vois pas
quand nous sommes ensemble.
Il ne suffit pas de lui promettre un demain
si je suis incapable de vivre au présent.
Il ne suffit pas de lui dire « je veux vivre avec toi »
si je ne suis pas délié d'engagements plus anciens.
Il ne suffit pas de lui dire « tu peux compter sur moi »
si je suis encore dans la dépendance.
Il ne suffit pas de lui être fidèle
si je ne me sens pas fidèle à moi-même.
Mais il suffit parfois de prendre le risque
de dire tout cela, et plus encore,
pour commencer à construire ensemble,
au-delà de la rencontre, une relation vivante.

Le quotient relationnel

«Nous interroger sur notre propre quotient relationnel nous éclairerait sur notre capacité à entrer en relation, sur notre aptitude à demander sans pour autant nous sentir tenus d'offrir une contrepartie, à recevoir sans disqualifier ou nier autrui, à refuser en prenant le risque de la discussion plutôt que celui de l'affrontement, ou encore à donner sans imposer ni culpabiliser.»

«Apprendre à développer son quotient relationnel est possible. Il suffit de mettre en pratique quelques règles d'hygiène relationnelle simples. La plus évidente est: une relation (que je symbolise par une écharpe, un foulard) comporte deux extrémités et dépend toujours de deux partenaires, il m'appartient de prendre en charge tout ce qui me concerne. Je suis responsable de ce que j'adresse à l'autre, de la manière dont je reçois ce que lui-même m'adresse, et surtout de ce que je fais de ce que j'ai reçu... Si je réagis douloureusement ou violemment, c'est à moi d'entendre ce qui est atteint, touché, blessé en moi.»

«En apprenant ainsi à mieux me définir, à oser dire non, à exprimer ce que j'éprouve, à être congruent, à me responsabiliser vis-à-vis de mes besoins, je peux faire progresser très positivement mon quotient relationnel. Si je sais laisser à l'autre ce qui n'est pas bon pour moi, venant de lui, j'évite de me polluer et je deviens moins défensif, moins agressif, plus ouvert et disponible. Si je sais accueillir et amplifier ce qui est bon pour moi, j'augmente ma créativité, mon dynamisme, ma confiance en moi et par là, la confiance que j'accorde aux autres.

Nous former à une communication non violente est une autre façon d'améliorer et d'enrichir notre quotient relationnel et, ainsi, la qualité de notre vie, car nous sommes fondamentalement des êtres de relation.»

«Nous sommes toujours trois dans une relation: l'autre, soi-même et la relation qui nous relie. Je ne suis responsable que de mon bout, c'est-à-dire de mes sentiments, de mes émotions, de mon vécu, de mes croyances, et je peux seulement inviter l'autre à s'interroger sur sa propre responsabilité dans le "nourrissement" de cette relation.»

« Toute relation représente une lutte **entre les forces de rapprochement, d'unité, de stabilité et les forces d'autonomie, d'indépendance et de changement.**

Le conflit se joue à l'intérieur de chacun, mais aussi entre les deux. »

Une relation vivante

« Je l'ai souvent rappelé, une relation vivante est une relation dans laquelle la demande et le don, l'acceptation et le refus s'équilibrent équitablement, car chacun de ces éléments a la même valeur et demande à être vécu dans la réciprocité. Si, dans une relation, l'un de ces termes (demander, donner, recevoir, refuser) domine, est hypertrophié, ou est inexistant, en hypotrophie, cela signifie que la relation est malade, déséquilibrée ou en danger.

Rééquilibrer ce type de relation à sens unique suppose un important travail sur soi, voire une psychothérapie, car les sources, les origines d'un tel système relationnel, s'il est répétitif, remontent vraisemblablement aux premiers échanges significatifs de la petite enfance avec les parents ou ceux qui les ont remplacés. La personne devra retourner à l'époque du sevrage relationnel, quand le bébé se rend compte que sa maman, qui le comblait jusque-là en permanence, devient une mère qui refuse et frustre. Peut-être la personne devra-t-elle aussi se confronter à "l'âge du pot", autant dire à l'obligation de donner, de faire plaisir… à l'autre, en déposant, en offrant à un moment et à un endroit précis… ce qui sort d'elle ! Cela suppose que les parents aient pu remplir de façon dosée, adaptée aux différentes phases du développement de l'enfant, leurs fonctions de maman (plus comblante) et de mère (plus frustrante) et celles de papa (plus proche, rassurant) et de père (plus interdictif) pour lui apprendre à gérer les inévitables frustrations et contraintes de la vie.

Une relation équilibrée, une relation "en santé" est une relation dans laquelle circulent librement et harmonieusement la demande, le don, l'acceptation et le refus, en parts sinon égales du moins sensiblement équivalentes. »

« Développer une relation vivante, **écologique, ce sera aussi rechercher et trouver la bonne distance relationnelle, c'est-à-dire trouver à la fois l'espace, la distance, le temps et le rythme qui permettent, au-delà de la rencontre, de se trouver, de se reconnaître et de se respecter dans une croissance mutuelle.**

La bonne distance sera avant tout recherche – l'aimance se nourrit de proximité et de distance pour devenir connaissance. CO-Naissance serait plus juste. »

« Une relation s'inscrit dans la durée, et non dans l'éternité ; son temps de vie varie selon les conditions, l'évolution et les aléas du lien. »

La relation intime, amoureuse

« Les relations verticales (intergénérationnelles) entrent souvent en rivalité avec les relations horizontales (couple), et le conflit entre amours premières et amours contemporaines pèse plus lourd qu'il n'y paraît au premier abord.

Certains tentent de se démarquer diamétralement des modèles de leur enfance, et par là même montrent que c'est bien à ce modèle qu'ils se réfèrent. En choisissant le pôle opposé sur un même axe, ils risquent de se retrouver piégés à leur insu.

Un homme et une femme qui fondent un couple apportent des fantômes dans la relation. Ils sont porteurs des fautes et des malheurs de leurs ancêtres, des expectatives inconscientes de leurs parents, de modèles, de dettes et de loyautés cachées.

Nos inconscients nous dirigent vers le partenaire qui saura le mieux à la fois panser et rouvrir nos blessures. C'est sur ce paradoxe que va se construire la relation, avec les pleins et les manques de l'autre en symétrie ou en asymétrie avec mes manques et mes pleins. »

« La plupart du temps, la connaissance – le mot est d'ailleurs synonyme – est fondée sur un SAVOIR : "Je le connais car je sais des choses de lui, sur lui."

Je considère que cette connaissance-là ne constitue qu'un premier niveau relationnel : entrer en relation supposera de passer à un autre niveau, celui du VÉCU, pour atteindre la co-naissance (*naître avec*).

Cela suppose de pouvoir se redécouvrir soi-même et parfois se découvrir tout court dans des domaines inexplorés (l'affectivité, la sexualité, l'agressivité, etc.) et surtout de pouvoir partager, "se communiquer", ouvrir son cœur, se rendre accessible, dévoiler ses pensées, et tout ça au moyen de l'échange sur le vécu, le ressenti. »

« C'est celui qui entend ou qui reçoit qui va donner son sens "relationnel" au message. En effet, mon "je t'aime" peut être entendu et reçu comme une marque d'amour, comme une plainte ou encore comme une agression : il va s'inscrire dans la relation avec une charge particulière. »

« La collusion entre sentiment et relation est extrêmement fréquente dans l'esprit et le cœur de certains. Comme si le fait d'aimer allait combler toutes les lacunes de la relation, dissoudre les malentendus, purifier les pollutions inévitables qui dévoient certains échanges et rendent le partage difficile. Cette confusion est nourrie par une foi en la toute-puissance de l'amour humain. Elle repose surtout sur la croyance, partagée par beaucoup, dans les vertus thérapeutiques de l'amour. "Je suis sûre que, grâce à mon amour, il va guérir." Je ne connais pas d'autosaboteur plus fortement ancré, plus terrible, devrais-je dire, que cette croyance qui consiste à se persuader qu'en offrant à celui qu'on aime sa propre liberté d'être, en renonçant à s'affirmer devant lui, en évitant de se définir ou de marquer sa différence, cela permettra, d'une part, de lui donner plus d'amour et, d'autre part, d'en recevoir davantage. Et de croire, par la même occasion, que la relation ira en s'améliorant.

Les sentiments et la relation se situent sur deux registres qui sont plus cloisonnés qu'on ne l'imagine. Nous pouvons aimer une personne à la folie et lui imposer, en dépit de cet amour, une relation invivable, voire destructrice.»

«À quels signes reconnaissons-nous que nous nous respectons dans une relation? Au fait que nous nous sentons congruent, en accord avec nous-mêmes. Alors, il n'y a pas de différence entre ce que nous sentons et disons, entre ce que nous éprouvons et faisons, et peuvent cohabiter deux confiances: la confiance que nous avons en nous-mêmes, et celle que nous pouvons développer en l'autre.»

«Il ne suffit pas seulement de savoir si ce que tu vis, fais ou dis est bon pour toi ou pour moi.

Il ne suffit pas seulement de savoir si ce que je vis, fais ou dis est bon pour moi.

Il faudra aussi se demander si c'est bon pour la relation, si cela la nourrit, la construit ou la brutalise et la menace...!

Engageons-nous à prendre soin de notre relation, si elle est importante pour toi, pour moi.»

«Le seul enjeu réel d'une relation proche est d'en sortir embelli et de pouvoir dire quelque chose comme: "J'ai donné et j'ai reçu, je peux donc garder en moi le meilleur de cette relation."»

«Il existe beaucoup de moments heureux dans une relation amoureuse. Il y a des découvertes merveilleuses et des instants magiques, des moments sacrés où les partages sont entendus, où les échanges stimulants nourrissent la relation, où des rires, des complicités, des gestes s'accordent et sont amplifiés "jusqu'aux rires des étoiles"»!

« MON MARI CONFOND AMOUR ET APPROPRIATION »

La lettre de cette femme commence par un cri de révolte et se poursuit par un appel pressant à l'intention de l'homme qu'elle aime. Il ne sait pas encore qu'il risque de la perdre s'il ne change pas de comportement et d'attitude, s'il n'accepte pas de faire *un travail sur lui*, pour mieux entendre l'angoisse et la panique qui le mobilisent dès que sa femme exprime un désir différent du sien ; s'il ne peut accepter la différenciation, la *dé-fusion* quand elle fait un projet qui lui est propre ou introduit une distance :

« Au début de notre relation, c'était merveilleux, écrit-elle. Je me sentais désirée, recherchée, protégée et la fusion qu'il me proposait me paraissait un idéal de vie. Ne faire qu'un avec lui, me fondre à ses attentes pour le remercier de toutes ses attentions. Faire tout ensemble, passer tout mon temps libre avec lui, dans un nous indifférencié, tout cela me convenait tout à fait. C'est avec l'arrivée de mon deuxième enfant que j'ai commencé à trouver notre relation plus pesante, plus crispante... Totalement investie par eux, je ressentais les demandes de mon mari comme excessives, voire injustes. Je n'avais plus aucun espace pour moi. Occupée à répondre, à combler les désirs de tout mon entourage, j'avais le sentiment que mes propres désirs n'avaient aucune valeur, se dévitalisaient, n'existaient plus. Quand j'ai exprimé le simple souhait de sortir seule un soir, j'ai eu l'impression de déclencher une tempête... Ce qui m'a le plus blessée c'est la réaction disqualifiante et infantilisante de mon mari : "Alors je ne te suffis plus, tu ne m'aimes plus ?" Comme si en allant au cinéma seule ou avec une copine, je le trompais !

Je ne savais comment lui dire que mes sentiments étaient restés intacts, aussi forts, aussi amoureux qu'au début, et qu'ils lui étaient toujours adressés. Je ne savais pas exprimer clairement que ma tentative pour me retrouver moi-même n'avait pas à voir avec l'amour que je lui portais, mais avec notre mode de relation qui était devenu mortifère et qui se délitait inexorablement. Ce qui était en jeu entre nous n'était pas d'aimer plus ou moins, mais concernait le modèle qu'il me proposait, que j'avais accepté jusqu'alors mais remettais en cause à présent. Ce modèle ne correspondait plus à mes attentes, à mes besoins, à mes aspirations profondes.

J'aurais voulu pouvoir lui faire entendre qu'il fallait rééquilibrer notre relation en ménageant des temps de vie en commun et des temps de vie personnelle. Que j'avais le sentiment, en quelques années de vie commune, de m'être infantilisée, d'avoir perdu toute autonomie et la capacité de prendre des décisions pour moi seule.

Mais à l'inverse de ce que je souhaitais, un processus pervers se mit en place entre nous. Face à mon souhait de disposer d'espaces de temps à moi, mon mari redoubla d'attentions, de propositions, de projets. Il tenta même d'exercer un contrôle de plus en plus serré sur mes activités, voire sur mes pensées et mes sentiments. Cela fut pénible, humiliant. Il surveillait mes allées et venues, cherchant des preuves de ce qu'il imaginait, estimant que si je n'étais pas disponible pour l'une ou l'autre de ses propositions, c'est que je l'aimais moins, que je n'étais plus la même... Je n'étais plus "sa chose" et cela lui paraissait insupportable, inacceptable. Je pourrais résumer son leitmotiv : "Redeviens comme avant, reviens dans la fusion, ne te différencie pas de moi, reste semblable à l'image que j'ai de toi..."

Je ne sais comment l'aider tout en me respectant. Comment lui faire prendre conscience qu'il est l'artisan principal de son malaise et, sinon d'une séparation immédiate, d'une cassure que je sens inévitable si ses comportements actuels persistent. Je vis comme douloureuse et injuste pour moi ce qu'est devenue notre relation, car elle ne correspond plus à mon choix de vie. Je sens que ma prise de distance à l'intérieur du couple est vitale et nécessaire si je veux sauvegarder mon intégrité, au point que je me sens prête à perdre mon mari, même si cela me fait peur, s'il n'accepte pas mon changement. »

Je me contente d'apporter le témoignage de cette lettre, en songeant qu'un jour, il y a très longtemps, à un moment de notre relation conjugale, mon épouse aurait pu l'écrire... Je peux dire aussi que cette situation reflète une des crises existentielles les plus vitales dans la vie d'un couple : le difficile passage du *Un* que forment deux êtres unis dans un Nous fusionnel très fermé, au *Deux* composé de deux Je appelés à former une composition à trois termes : l'autre, soi, et la relation.

***

RESPECT

respect

« Il y a des matins, des soirs où, dans mon cœur, mon corps, ma tête, tout est soleil, surtout quand je me respecte. »

« Le respect n'est pas un dû, mais une offrande à soi-même et à autrui qui peut confirmer l'estime de soi, donner le sentiment d'un épanouissement et procurer un bien-être intérieur. »

« Se respecter dans une relation, c'est oser se définir, prendre position, c'est-à-dire s'affirmer devant l'autre, et non contre lui, en lui permettant d'entendre ce qui fait notre unicité autant que ce qui fait notre altérité. »

« Respecter mon désir ou mon non-désir, quel qu'il soit, c'est ne pas le juger, ni le considérer comme inférieur à celui de l'autre, ou moins important. Tout désir, qu'il soit réalisable ou pas, a droit à son existence. »

« Chaque fois que je peux privilégier la confrontation plutôt que l'affrontement et l'apposition plutôt que l'opposition, je me donne plus d'espace pour me respecter. »

« Plus je commence à m'aimer et à me respecter, moins j'ai besoin de me donner de la valeur en me sacrifiant. »

« Accepter d'entendre nos émotions, de les respecter (et non de les maîtriser ou de les réprimer, comme il était conseillé autrefois de le faire dans certaines familles ou certains milieux) est l'un des chemins que l'on peut prendre pour être en accord avec soi-même. »

« JE NE FUME PAS ET J'EN BAVE ! »

Julien, adolescent de 16 ans, en classe de seconde dans un lycée de province, me racontait dernièrement combien il était dur pour lui de continuer à ne pas fumer, de rester ferme sur ses positions. Il me disait comment il devait se défendre contre toutes sortes de pressions, de jugements de valeur, de disqualifications et de commentaires divers :

« "T'es débile, t'as jamais fumé, tu peux pas savoir ce que c'est. Tu n'as qu'à essayer une fois, alors là tu décideras si tu continues ou pas. Tu ne sais même pas de quoi tu te prives. T'es vraiment à part…" Dans mon lycée, ajoutait-il, ils savent tous que je ne fume pas, et ils continuent cependant à me demander si j'ai pas une clope à leur passer, si j'ai du feu ! L'an passé, ça a été dur, j'ai même été tenté d'acheter un paquet, juste pour pouvoir offrir des cigarettes à l'occasion et payer ainsi mon droit d'entrer dans le groupe… Le fait de ne pas fumer est considéré comme une tare, à laquelle ils associent des commentaires sur ma virilité. Je ne suis pas vraiment un "mec" : "Alors t'offriras même pas une cigarette ou du feu à ta nana si elle fume !" Je me sens sans arrêt agressé sur ma façon d'être. Ils ont tenté de me marginaliser. Ce qui me sauve, c'est que je suis bon en sport et que sur le terrain de foot je me défends pas mal… »

Il est difficile pour un enfant, pour un adolescent surtout, de se démarquer de la loi du groupe. Chaque clan, chaque groupe a un code de valeurs concernant la vêture, la façon de s'exprimer par des phrases clés, des mots particuliers et des conduites fétiches telles que des rituels, des habitudes de retrouvailles et de séparation… que doit respecter chaque membre du groupe. Et cela d'autant plus qu'à cet âge, le besoin d'appartenance est grand. La loi des pairs est plus forte que la loi du père.

Julien me disait encore combien il souffrait de ne pas se sentir accepté tel qu'il est, avec son besoin de se respecter dans sa différence. Mais il tient le coup, il continue donc à ne pas fumer – pour l'instant ! Je crois que s'il peut faire face, c'est parce qu'il a engrangé un sentiment de valeur personnelle et qu'il a pu développer une estime de lui-même qui le structure et lui donne sa cohérence.

***

RESPONSABILITÉ

« Ma responsabilité, c'est d'abord la façon dont j'envenime ou entretiens mes blessures. »

Ni le destin, ni la fatalité…

« Chaque fois que j'invoque la fatalité, je fais l'économie de m'interroger sur ma responsabilité personnelle. »

« Accuser, reprocher, mettre en cause les autres, la société, le destin ou le hasard, permet surtout de se déresponsabiliser en attribuant la responsabilité de ce qui nous arrive à des éléments qui se situent hors de nous. »

« Nous sommes responsables non pas de ce qui nous arrive, non pas de ce que nous désirons voir arriver, mais de ce que nous en faisons. »

… ni les autres

« La stratégie relationnelle fondée sur la conviction que l'autre est responsable de ce que j'éprouve risque de mener à l'impuissance, à la stagnation, voire à la folie. Mais elle fournit justifications et alibis, surtout lorsqu'elle se réfère aux expériences de l'enfance. »

« Tout se passe comme si nous nous sentions responsables des malheurs, des épreuves ou des événements douloureux qui ont pu arriver à un père, une mère, un frère ou une sœur, ou encore à un grand-père ou une grand-mère, et que nous avions intériorisé la mission de mettre ces événements au jour et de les réparer afin de libérer ces membres de notre famille du souci d'avoir à les affronter au cours de leur vie. En bref, nous voulons prendre soin de leur tristesse ou de leur souffrance, que nous sentons toujours présente. Cette démarche se traduit chez certains d'entre nous par des conduites ou des comportements dont les mobiles échappent, pourrait-on dire, à notre volonté, même s'ils sont apparemment conscients. Tout cela peut nous conduire à des engagements qui mobilisent beaucoup d'énergie et de ressources, se révèlent source de souffrance et de mal-être, et nous poussent à faire des choix qui pourront nous entraîner à des actions qui se révéleront par la suite chargées de malentendus, de conflits et de dommages préjudiciables à notre propre vie. Il en est de même des fidélités perverses, qui nous poussent parfois à poser des actes qui se révèlent après coup nocifs, dangereux, et mettent notre existence en déséquilibre ou en péril. »

« Que la pensée magique soit présente **dans l'enfance est tout à fait compréhensible, tant le décalage est immense entre le monde de l'enfance et les réalités de la vie. Elle permet à l'enfant d'affronter la part d'inconnu et de mystère qui l'entoure. Mais quand, à l'âge adulte, cette pensée s'érige en système privilégié de représentation, elle nous infantilise, en quelque sorte, et nous entretient dans l'illusion durable que soit la solution est chez les autres, soit elle dépend de notre seul vouloir, sans que nous ayons à nous mobiliser pour changer la situation dans laquelle nous nous trouvons. La pensée magique est un frein à la responsabilisation et peut nous entraîner à nous déresponsabiliser face à la réalité, en nous maintenant en dépendance vis-à-vis de l'arrivée prochaine de l'"oncle d'Amérique providentiel, du hasard ou des dieux" que nous implorons et qui vont prendre en charge le devenir de l'avenir.** »

« Le "il" ou "elle" mis en accusation est généralement un parent, une personne aimée, quelqu'un de proche. Il devient ainsi un être décevant qui a frustré nos attentes, et nous allons le charger parfois de tout notre ressentiment, l'accuser de toutes les insuffisances, le rendre responsable de ce qui nous advient, du bon comme du mauvais, de nos succès comme de nos échecs, de nos rires comme de nos pleurs.

Cette toute-puissance attribuée à l'autre a pour résultat de nous déresponsabiliser de notre prise en charge de nous-mêmes. Tout se passe comme si nous étions irresponsables et démunis. »

« Je me déresponsabilise par rapport à cet autre en moi, que je nomme parfois mon inconscient. Depuis son " invention " par Freud, cette notion est souvent utilisée comme la part incontrôlable d'un autre moi-même agissant malgré moi, à ma place. " Si je l'ai fait, c'est vraiment inconsciemment. " L'inconscient-alibi, l'inconscient-excuse est mis à toutes les sauces relationnelles pour justifier certaines de mes limites ou incapacités. C'est un tel travail de vigilance, d'attention, d'ouverture et d'acceptation que de me réapproprier mes conduites et mes sentiments et de m'affranchir des influences qui m'ont marqué. »

Mes sentiments, ma vie : ma responsabilité

« **Nous sommes responsables des sentiments** que nous cultivons en nous comme un jardinier l'est de son jardin. Bien sûr, il y a un climat et un terrain donnés, des événements, des orages, trop de pluie ou de soleil, mais cela ne supprime pas la responsabilité du jardinier, c'est-à-dire sa vigilance et son action. »

« Il m'appartient d'accepter d'être responsable **de tout ce que j'ai à faire à partir de ce qui surgit dans ma vie. Il y a ce qui m'arrive, ce qui est touché, réveillé ou blessé en moi, et il y a ce que j'en fais.** »

« **Si je considère que toute relation** a deux extrémités, il m'incombe de prendre en charge l'extrémité qui est de mon côté, et seulement elle. »

« C'est vous qui êtes au cœur de toutes vos relations, ce qui ne veut pas dire au centre…

Vous êtes donc responsable de l'estime, de l'amour et du respect que vous vous portez.

Vous êtes responsable aussi de l'amélioration possible de vos relations, ce qui ne veut pas dire que vous êtes responsable de toute la relation.

Vous avez la charge ou le plaisir de votre épanouissement et de votre bonheur.

Ne comptez plus sur l'autre pour vous prendre en charge, pour assurer et combler vos besoins, pour apaiser vos craintes ou protéger vos peurs.

N'attendez pas de l'autre la réponse ; interrogez vos questions, prolongez vos perceptions, écoutez votre ressenti et faites ainsi confiance à l'imprévisible qui vous habite. »

« Développer une relation écologique, c'est aussi prendre la responsabilité de mes besoins, de mes propres désirs, de mes choix. Ce qui m'arrive, ce que je vis, ce que je sens participe quelque part de ma responsabilité.

Je me responsabilise par le JE. "Cette soirée était vraiment ennuyeuse..." ou "Ma main se tend vers elle" deviennent "Je me suis ennuyé" et "Je tends ma main vers elle".

Si je charge l'autre de mes échecs, de mon insatisfaction, de mon impuissance, je le dévitalise. »

« Je peux partager ce qui m'appartient, mais cela m'appartient toujours et ma responsabilité reste entière. »

« Éviter de penser à la place de l'autre, lui laisser la responsabilité de ce qu'il éprouve, ressent ou imagine par lui-même, et ne pas hésiter à prendre soin de ses propres aspirations. »

« Être non pas maître, mais responsable de sa parole. C'est la seule façon d'être ou de devenir responsable de sa vie. Pour ne plus être une victime, un esclave, un exclu ou un mendiant de l'existence et de l'amour des autres. »

JE SUIS RESPONSABLE DES SENTIMENTS QUE J'ÉPROUVE

L'affirmation « *Chacun est responsable des sentiments qu'il éprouve* » peut apparaître à certains comme une véritable agression, et susciter des protestations véhémentes.

« Ma mère est déprimée, je ne suis pas responsable du poids et de l'angoisse que je ressens, cela vient d'elle... je porte ce poids pendant toute une semaine après l'avoir vue... »

« Mon fils est mort, suis-je responsable du désespoir qui m'envahit ? »

« Mon patron est despotique et injuste, la révolte et le découragement qui m'habitent sont inévitables. »

Il nous est bien difficile d'admettre que dans une relation nous sommes responsables de ce que nous éprouvons et ressentons. En effet, les sensations qui circulent en nous, c'est bien notre corps qui les éprouve ; les sentiments qui nous traversent, c'est bien notre sensibilité qui les ressent.

Bien souvent un événement, un acte, une parole, une attitude de l'autre vont réveiller et déclencher des facultés d'émotions qui sont en moi. Déclencher seulement, et non pas créer des émotions qui m'appartiennent. Réactiver, réactualiser des sentiments, des sensations ou des perceptions qui sont bien les miens, qui sont inscrits dans mon vécu.

En effet, entrer dans la démarche qui consiste à accepter la responsabilité de ses propres sentiments provoque un authentique choc, tant est naturelle la tendance à vouloir traiter chez l'autre le problème que nous avons avec lui. Adam devra bien reconnaître que c'est volontairement qu'il a mangé la pomme, même si c'est par imitation et solidarité, et Ève ne pourra pas nier que c'est bien elle qui a décidé d'obéir au serpent.

Et moi qui arrivais des millénaires après eux, j'ai bien dû reconnaître (mais après beaucoup d'efforts) que c'était moi qui aimais cette femme à la folie et que toute la force et la beauté de mes sentiments n'avaient aucune prise sur les siens... qui étaient tournés vers un autre. Oui, je suis responsable (mais le mot n'est pas juste), je suis coresponsable de ce que j'éprouve. Il ne me servira à rien de hurler, de me déchirer ou d'agresser celle qui ne reçoit pas mon amour parce que le sien est reçu par un autre. C'est une sorte de dignité nouvelle qu'acquiert celui qui commence à respecter ses sentiments, justement parce qu'il les reconnaît comme siens.

***

RESSENTI

«Si je n'arrive pas à me définir en fonction de mes sentiments, de mes ressentis profonds ou de mes propres choix de vie, je risque de me laisser définir par l'autre et de ne plus me supporter.»

«S'il existe une règle d'hygiène relationnelle qui devrait être respectée, c'est bien celle-ci : le ressenti, les sentiments, appartiennent à ceux qui les éprouvent, même quand ils apparaissent déplacés, excessifs ou déformés à celui qui les entend. Voilà un des paradoxes le plus douloureux dans les relations intimes : c'est souvent un proche, un parent, un conjoint, un enfant, un ami qui nie ou minimise ce qui nous habite au plus profond. Ainsi, pour celui qui dit : "Oh là là ! je n'ai pas chaud, j'ai un peu froid dans le dos", et qui s'entend répondre : "Mais ce n'est pas possible, le thermomètre est à 24° !", le désespoir n'est pas loin ! J'en suis arrivé à penser que la qualité la plus vitale d'un amour réside dans la capacité à accueillir, sans vouloir la modifier ou la changer, l'expression de ce que ressent celui ou celle que l'on aime. Si ma compagne me dit qu'elle n'aime pas quand je rentre tard à la maison ou quand j'invite un ami à rester pour dîner sans l'avoir prévenue, je dois entendre ce qu'elle éprouve, son irritation ou sa gêne, sans chercher à me justifier ou à penser tout de suite que décidément tout est compliqué avec elle ! Car opposer son propre ressenti à celui de l'autre, quand il est différent, revient à vouloir faire la preuve que ce que nous ressentons, nous, est plus juste, plus pertinent que ce que l'autre ressent.

Accepter la différence, la multiplicité et la diversité des perceptions, des émotions, des sentiments permet de moins maltraiter les relations intimes, et même celles qui le sont moins !»

«Dire ce que l'on ressent sans en rendre l'autre responsable, car le propre d'un ressenti est qu'il appartient à celui qui le vit.»

«Amour et bien-être ne sont pas toujours en correspondance. Sentiments et ressentis ne sont pas toujours en harmonie.

À l'inverse, je peux avoir des sentiments légers et peu engagés pour quelqu'un et connaître un ressenti extraordinairement positif, un bien-être étonnant, un accord quasi parfait.

Les sentiments s'inscrivent dans la durée, dans le lien.

Le ressenti s'inscrit plus dans le présent et le fragile de l'éphémère. Il s'accroche à l'instant, même s'il résonne à partir du passé.

Notre aspiration profonde est celle d'une cohabitation harmonieuse et stable des sentiments et des ressentis.

C'est non seulement dans les déclarations de l'autre, mais aussi dans ses comportements que nous découvrons qu'aimer et être aimé(e) ne reposent pas sur les mêmes prémisses, et ne portent pas sur les mêmes attentes. Quand je dis "Je t'aime", je suis dans l'ordre des sentiments, les miens, ceux qui m'habitent, m'agitent, me perturbent, me dynamisent, m'enflamment ou me désespèrent et me consument! Un "Je t'aime" qui m'est adressé me plonge dans l'ordre du ressenti, celui que j'éprouve lorsque j'entends ces mots, perçois leur tonalité, vibre à leur densité pour peu qu'ils soient énoncés à mon intention et concernent ma personne.

Le décalage subtil entre sentiment et ressenti contient tout l'espace qui sépare les doutes des espérances, les croyances des certitudes, les semblances des différences. Et c'est avec tout cela, croyances et incertitudes, confiance et doutes que nous devons apprendre à vivre la relation amoureuse.»

«Certains hommes éprouvent aussi de la difficulté à oser reconnaître et dire qu'ils ne sont pas toujours dans l'ordre des sentiments amoureux mais dans celui d'un ressenti à l'égard de l'autre, agréable, bienveillant, fait de plaisir, de confiance et d'abandon, et que cela leur suffit!

Le décalage entre le registre des sentiments (dominant chez les femmes) et celui du ressenti immédiat (plutôt privilégié par les hommes) illustre la difficulté d'un engagement recherché par les femmes mais fui par les hommes, et l'incapacité fréquente de ces derniers à construire une relation durable… dans la mutualité.»

À QUI FAIRE CONFIANCE ?

« Quand j'étais petite, j'avais l'impression que ma mère ne m'aimait pas. J'avais même le sentiment qu'elle me détestait. Oh ! rien dans son comportement ne me permettait de l'affirmer, elle était aussi sévère avec mes frères qu'avec moi. Mais je la sentais glaciale quand elle m'appelait ou venait vers moi. Je ne me sentais pas en sécurité, je doutais.

Quand j'étais petite, je sentais tout plein de choses que je croyais être la seule à percevoir. Les adultes autour de moi prétendaient que ma mère était quelqu'un de bien, une femme "remarquable", quelqu'un de "méritant". Ils la voyaient comme une femme belle, intelligente, presque parfaite, une mère exemplaire en somme. Autour de moi, on disait que toutes les mères aiment leurs enfants, que c'est comme ça, normal.

Mais tout au fond j'avais peur et quelque chose en moi me disait que ma mère ne voulait pas de moi, que j'étais une gêne permanente pour elle, que je n'aurais pas dû exister, que je lui rappelais quelque chose dont elle ne voulait pas se souvenir. Elle me l'a d'ailleurs dit très tôt, mais à l'époque, je ne l'entendais pas : "J'ai fait deux erreurs irréparables dans ma vie : me marier et tomber enceinte."

Je croyais que ce que je sentais était mauvais, que j'étais une mauvaise fille. Que si je doutais de ma maman si bonne aux yeux de tous, c'est que j'étais vraiment vilaine, quelqu'un de méprisable, de peu aimable pour avoir de telles pensées...

Aussi ai-je commencé à douter de moi, de ce que je ressentais. Je me disais que ce qui m'habitait était faux, que ce que j'éprouvais n'était pas juste, pas bon. J'ai même fini par croire que mes sensations me venaient d'ailleurs, que j'étais folle...

Alors j'ai fermé mon cœur à tout ce qui n'était pas visible, logique, tangible. J'ai fait de mon mieux pour devenir ce que je croyais qu'on voulait que je sois, sans trop savoir d'ailleurs ce que cela pouvait être exactement. J'ai étouffé tout ce que je ressentais pour devenir quelqu'un de bien, une "petite fille tout à fait comme il faut". Et puis ma mère est partie, quittant mon père et me laissant avec lui. Là encore, j'ai cru que c'était de ma faute, que je n'avais pas été comme il faut, que j'aurais dû mieux me comporter. J'avais 12 ans. Pour réparer mes manques, j'ai pris en charge mon père, j'ai voulu lui donner tout ce que ma mère ne lui avait pas donné.

J'ai fonctionné ainsi durant 25 ans, avec ma tête seulement, me méfiant de moi-même et de ce que j'éprouvais, tentant d'être rationnelle, intelligente, compétente face aux attentes des autres.

Quand j'ai commencé une psychothérapie, j'ai découvert que ce que je sentais pouvait être vrai, que j'étais tout à fait capable de faire des choses positives, bonnes pour moi et pour les autres. Cette psychothérapie fut un travail de mise au monde, de renaissance, de réconciliation avec moi-même : pour accepter l'idée que je suis quelqu'un de bien, me reconnaître et pouvoir me dire que ce que je ressens n'est pas mauvais, mais est acceptable, respectable, estimable... »

Je crois que cette femme pose des questions vraies, au sens de justes pour elle.

***

RESSENTIMENT

ressentiment

Règle de vie

Renoncez à vos ressentiments
n'en gardez aucun
car ils sont semblables à des poisons
et polluent toute relation
y compris la plus essentielle
la relation à vous-même.

Des toxines redoutables

«Le ressentiment, c'est la jungle des sentiments : " À mort ", " Vengeance ! ", " Je te le ferai payer ", " Ne crois pas que tu seras heureux, toi, si moi je suis malheureuse ".

Je deviens sourd, aveugle, violent et désemparé, petit enfant et redoutable censeur quand je suis dans le ressentiment. J'implose et je ne permettrai à personne de toucher à ma souffrance, qui est unique. Moi seul ai le droit d'en parler ou de la nier.»

«Le ressentiment naît de la non-acceptation que mes désirs ne soient pas réalisés, que ce que je dis n'ait pas été entendu, que mes attentes soient déçues, mes projets contrés ou reportés, que la vie ne s'ajuste pas à mon regard.»

«Le ressentiment est l'ennemi impitoyable du recevoir.»

«Est-il si compliqué d'être heureux ? Être heureux ne semble ni difficile ni compliqué. Ce qui l'est par contre, c'est de renoncer à un certain nombre d'autoprivations fondées sur la honte et la culpabilité, de lâcher prise sur les ressentiments accumulés et longtemps ruminés en réaction à des messages négatifs, à des blessures narcissiques.»

«Ce qui empoisonne le plus la solitude de tout un chacun, et empêche d'être heureux en sa propre compagnie, ce sont l'attente vaine des attentions de l'autre et le ressentiment ou l'accumulation de la rancœur.»

«Il y a peu de relations dans la durée sans ambivalence des sentiments, sans un certain ressentiment né des inévitables déceptions. C'est un étrange métissage de haine et d'amour, une concurrence de sentiments à l'intérieur d'une même personne.»

«Si je permets que s'accumulent des ressentiments, des reproches, des accusations dans une relation intime, j'engrange des toxines redoutables, dangereuses tant pour la relation que pour moi-même.»

Sous le ressentiment : un amour maltraité

«La haine est souvent de l'amour maltraité. Dans un premier temps, elle semble soulager celui qui l'éprouve, dans un deuxième, elle l'empoisonne et pollue sa vie, dans un troisième, si elle s'est accumulée sans pouvoir se dire, elle risque de prendre la forme d'un ressentiment autodestructeur, voire de se déverser dans des actes de violence, des passages à l'acte qui sont autant de cris pathétiques pour tenter de se faire entendre.»

«La perte du désir peut aussi être liée à l'accumulation de ressentiment contre l'autre ou contre soi-même : "Je ne m'accepte plus dans ce que je suis devenue ! Ce n'est pas tant toi que je refuse, que la femme que je suis aujourd'hui !"»

«Parmi les obstacles à la solitude heureuse, se trouve le ressentiment. Nous sommes alors habités par la rancœur, et de multiples reproches et accusations nous animent contre celui ou celle qui nous a quittés, qui n'a pas voulu vivre avec nous, qui nous a trahis… Celui qui entretient ainsi le poison du ressentiment ne peut vivre les cadeaux du présent, ne peut inscrire demain comme une offrande et se violente en permanence à l'aide de ses propres pensées négatives.»

«Quand le ressentiment surgit après une rupture, il envahit tout l'espace intime. Il naît souvent de la privation de rêver imposée involontairement par celui qui a décidé de partir à celui qui aurait voulu donner suite à la relation !»

«Ce n'est ni avec des regrets, ni avec du ressentiment ou de la nostalgie que l'on peut panser ses blessures.»

« LA CULPABILITÉ, JE CONNAIS... »

Elle est étonnamment jeune, elle est mère de deux enfants et porte sa cinquantaine avec une joyeuseté d'adolescente. En réaction à l'un de mes articles, elle m'écrit et partage quelques-unes de ses réflexions...

« La culpabilité, je connais ! Je suis tombée dedans, bien avant ma naissance. En vous écrivant, j'éprouve, c'est curieux, le besoin de m'adresser directement à ma mère, de lui parler ouvertement, à travers vous...

"D'ailleurs, maman, il faudra qu'un jour je te restitue cette culpabilité qui t'appartient et que tu m'as fait endosser... Avec ma complicité lorsque j'étais plus jeune, mais aujourd'hui je la trouve trop lourde à porter, alors j'ai envie de te la rendre. Car vois-tu, maman, aujourd'hui, j'ai grandi, mes épaules se sont élargies : cet habit de coupable me gêne aux entournures. Vois comme les coutures cèdent les unes après les autres. Si je somatisais, ce serait sans doute sous la forme d'une sclérodermie. Ma peau est semblable à un manteau qui devient trop étroit et menace d'éclater... J'ai longtemps pensé que j'étais coupable d'exister. Mais ma faute ne s'arrêtait pas là ! Tout ce que je faisais était nul, sans valeur, irrecevable par toi.

Depuis quelques années, grâce à quelques rencontres, à des lectures, je mue... Un jour, c'est sûr, je sortirai définitivement de ma gangue/prison. La prison, tu l'as évitée, celle des hommes, celle dont les murs sont palpables. Tu as été reconnue innocente, 'non coupable' justement ! Ma pauvre mère, comment as-tu pu survivre, porteuse de ce drame, de cet 'accident' ? J'ai d'ailleurs longtemps cru que cet accident relevait de mon imagination. C'est dire si je mélangeais les événements ! Mais à quel prix as-tu survécu ? Claquemurée à vie, à survie, devrais-je dire... Car peut-on appeler vie cette existence de renoncement à tous tes désirs ? Je sais maintenant pourquoi tu as endossé l'habit de victime : celui de coupable, tu l'as essayé et il t'a brûlée au dernier degré. S'ouvrant selon une dynamique d'entonnoir, il t'a rendue insensible à toute émotion, incapable de tout partage : les événements passaient, s'engouffraient en toi et disparaissaient sans produire aucune sédimentation – car tu avais fait le deuil de la Vie. Et depuis, tu n'as pas cessé de te punir : sclérose en plaques (en plaques superposées, en strates) !

Tu es une habile cuisinière des relations proches. Ta spécialité : le tian de l'oubli, une couche de repli sur soi, une couche d'agressivité et puis une d'indifférence – et on renouvelle l'opération jusqu'à l'épuisement.

Paradoxe apparent : tu m'as semblé plus humaine le jour où j'ai appris que tu avais tué, oui tué, à 15 ans, ton propre frère âgé de 16 ans. Cela s'est passé un soir, au moment du coucher, dans la maison familiale. Mon grand-père, vrai Corse du Niolo profond, possédait un revolver. Tu l'as braqué sur l'un de tes frères, Ghjuvanni-Baptiste. Le coup est parti 'comme ça, tout seul', as-tu dit. Son nom a été écrit dans les journaux de l'époque de façon erronée... Je ne peux imaginer ce qu'il t'avait fait pour avoir eu à payer ce prix ?

Oserai-je un jour te demander plus de détails, toi qui, pour toute solution, as trouvé le déni ? Jusqu'à nier l'existence de ce frère, quand je te demandais si tu étais fille unique et que tu me le confirmais. Toi que j'ai toujours connue constipée, en rétention. Il est des pollutions difficiles à évacuer, si difficiles qu'une vie ne suffit pas."

Voilà, l'essentiel est dit », m'écrit ma correspondante, en ajoutant, avec un sursaut de lucidité : « Pardonnez-moi de m'être servi de vous. Cela m'a fait du bien de m'adresser à celle qui est ma mère, à travers vous. »

C'est une des vertus de l'écriture que de faire passer au-dehors ce qui a été enfermé trop longtemps au-dedans. Qu'importent le discours et son cheminement, c'est le message qui est important ; ce qu'en fera le destinataire lui appartient.

***

RUPTURE

rupture

«Le plus terrible, dans une séparation, est de ne plus pouvoir rêver ensemble.»

«Toute séparation contient le risque d'une blessure narcissique qui abîme ou meurtrit l'image que l'on a de soi.

Mais nous pouvons aussi comprendre que l'autre nous quitte le plus souvent… pour lui.

Celui qui achève une relation le fait en fonction de ce qu'il est, de ce qu'il est devenu, même s'il se donne l'alibi que "c'est à cause de l'autre"!»

De blessure à…

«Certains conjoints tentent de prendre une assurance sur la pérennité de la relation. Ce qui est redouté, c'est la séparation parce qu'elle est vécue comme un abandon, une trahison, un rejet et donc, dans de nombreux cas, comme une dévalorisation de soi: "S'il (elle) me quitte, c'est que je ne le (la) méritais pas, que je suis nul, que je ne vaux rien…"

Pour certains, et ce sont les plus redoutables, l'éloignement ou la séparation sont ressentis comme une dépossession : " Tu m'appartiens, tu n'as donc pas le droit de partir. " Ceux-là feront une guerre impitoyable à celui qui tente de s'éloigner, de mettre une distance, de desserrer un peu l'étau de la relation fusionnelle, voire de la quitter. Ils ne peuvent pas concevoir une séparation car ils la vivent comme une dépossession intolérable. Pour cette raison, ils iront parfois jusqu'à souhaiter enlever la vie à leur partenaire en se disant : " Comme ça, il n'appartiendra à personne d'autre ! "

Si, au début d'une relation amoureuse, l'autre veut vous laisser croire qu'il a besoin de vous pour vivre, il est urgent de vous éloigner et de trouver la bonne distance, pour ne pas le laisser dans cette illusion et risquer ainsi d'entretenir une relation d'asservissement mutuel ! »

« Si aujourd'hui deux couples sur quatre se brisent dans la souffrance, la détresse ou la violence, se séparent dans le désarroi ou se déjoignent par lassitude ou incompréhension, c'est souvent parce qu'ils n'ont pas su créer et vivre une relation de partage, d'échange ou d'amplification mutuelle autorisant chacun (dans le sens de se rendre auteur) à continuer d'exister à part entière. »

« Quand il y a tellement de forces à ne pas se quitter et aucune raison à rester ensemble, c'est souvent pour s'assurer qu'il y aura toujours quelqu'un sur qui rejeter le blâme, sur qui focaliser l'angoisse. Cette perception de l'autre comme mauvais objet semble nécessaire à l'existence de nombreux couples. Des gens qui se haïssent se font subir une vie détestable, sans pouvoir se séparer – comme un long désert sans fin à traverser. »

« La rupture est fréquemment vécue comme culpabilisante parce que transgressant les "normes implicites de solidarité". Elle est vécue comme angoissante car elle traduit souvent un non-renoncement à la fusion, avec la réactivation du sentiment de perte ou d'abandon. »

... une renaissance ?

« Les séparations, les pertes, les abandons, s'ils ne s'inscrivent pas dans le ressentiment, la rancœur ou l'accusation contre l'autre ou dans la dévalorisation de soi, peuvent être un stimulant pour une véritable naissance ou renaissance. Ils peuvent permettre à un homme, à une femme d'accéder à un nouveau mode de vie, à une autre façon d'être homme, d'être femme. De se retrouver entier après les crises, après les conflits qui accompagnent tout mouvement de rupture. De renouer avec le meilleur de soi, même s'il a été maltraité ou non respecté, de réhabiliter des ressources et une plus grande capacité à être mieux avec soi-même. »

« Se séparer, c'est tenter désespérément de réussir ce qui a été raté.

Oser s'entendre enfin dans le respect, pour pouvoir se quitter sans se blesser ou se détruire, c'est rester chacun entier. »

« Une rupture, au-delà de la souffrance ou du désarroi premier qui habite celui ou celle qui est quitté(e), se révèle très souvent stimulante, car elle oblige à découvrir de nouvelles ressources, à puiser dans quelques-uns des possibles en friche ou inexploités qui existent en chacun. Elle est très souvent l'équivalent d'une nouvelle naissance. »

SENTIMENT

sentiment

« Les sentiments sont des enfants fragiles et puissants qui ont besoin de soins constants. À leur écoute vigilante, nous entendrons mieux le sentiment qui nous prolonge, ou le ressentiment qui nous étouffe. »

L'éclosion

« Les sentiments d'amour naissent, germent, s'épanouissent à partir d'un flux spécifique d'émotions, de mouvements internes infimes ou brutaux et de signaux qui sont parfois entendus chez l'autre, même quand ils ne sont pas émis. Ils peuvent aussi être ignorés, refusés ou maltraités par celui qui les reçoit. Le propre du sentiment d'amour, et en cela il diffère de tous les autres sentiments, est qu'il cherche son reflet, son équivalence, son " autre part " de lui-même en l'autre. Il est un mouvement en quête d'un mouvement symétrique correspondant avec lequel s'allier. »

« Nos " Je t'aime " éclosent à partir de sentiments très différents, et sont porteurs de significations multiples. À chaque amour, il faudrait ajouter un qualificatif qui permettrait de mieux voir la dynamique que nous proposons, de mieux entendre le mouvement et la direction des sentiments. »

Reconnaître, nommer ses sentiments

« L'expression de sentiments est loin d'être aussi spontanée que nous voudrions tous le croire et le vivre. Les sentiments et les émotions font peur, ils font parfois honte, ils sont notre vulnérabilité, la porte ouverte sur une perte de maîtrise possible. »

« Notre culture et notre éducation ne voient pas toujours d'un œil très favorable l'expression des émotions. En général, elles nous enseignent à bien nous tenir. Nous apprenons donc à refouler ce que nous éprouvons, voire à le nier. Nous le savons maintenant, les émotions sont un langage qui parle de ce qui est éveillé en nous par un événement actuel ou récent et retentit dans notre propre histoire. En acceptant non seulement de reconnaître, mais aussi de nommer nos émotions à partir de nos sensations intimes, nous apprenons à mieux distinguer les sentiments parasites, épidermiques, réactionnels qui, eux, sont liés à une irritation, à une frustration ou à une déception dont les enjeux touchent principalement l'image de soi et non la personne profonde. »

Des écueils à éviter

« La confusion entre sentiments et relations est des plus fréquentes chez la plupart des personnes. Ainsi, il nous arrive fréquemment, dans les sessions de formation, de proposer une différenciation entre sentiments et relations ; cela permet de reconnaître et d'accepter les sentiments éprouvés pour quelqu'un et de mieux cerner ce qui, dans une relation, est acceptable et ce qui ne l'est pas. Car trop souvent, c'est au nom (ou sous l'alibi) des sentiments que nous tolérons des relations insupportables, invivables ou aliénantes.

Le registre des sentiments est distinct de celui de la relation, malgré leur évidente corrélation.

- « Je peux ressentir beaucoup d'amour et de tendresse envers mon fils adolescent et entretenir avec lui une relation difficile, impossible et détestable. »
- « Je peux aimer tendrement mon conjoint et communiquer avec lui plus mal qu'avec quiconque. »
- J'aurai ainsi à me positionner plus clairement sur ces deux registres. »

« Une relation fondée uniquement sur les sentiments et leurs fluctuations demeure une entreprise aléatoire, infiniment fragile dans son équilibre. Bien des mariages trouvent une solidité dans l'aspect fonctionnel, dans la tâche commune de gérer un lieu de vie et une famille. Ils sont maintenus par des obligations et des règles extérieures aux désirs et aux peurs.

La vie des sentiments est encadrée par une structure organisée. Il y a une fragilisation du couple chaque fois que la tâche fonctionnelle est menacée (enfants qui grandissent et s'en vont, aléas du chômage, maladies...). »

Être un bon parent pour ses sentiments

« Être un bon parent pour ses propres sentiments, c'est les reconnaître et les écouter, apprendre quelque chose d'eux, mais aussi leur mettre des limites et se faire respecter d'eux en ne leur laissant pas un pouvoir démesuré. J'apprends à me guider moi-même vers ce qui est bénéfique pour moi, au-delà de la satisfaction instantanée, celle, par exemple, que m'apporteraient l'alcool, la fumée, les tranquillisants, les somnifères. J'ai des "trucs" intérieurs pour m'aider et me guider. »

« Nous n'avons pas de pouvoir sur les sentiments qui nous habitent. Nous ne pouvons pas leur dicter d'être plus là ou moins ici. D'avoir telle qualité, telle intensité. Nous ne pouvons nous donner l'injonction d'aimer ou de ne plus aimer. »

« Nous n'avons, hélas ! pas le pouvoir de modifier les sentiments de l'autre, de les augmenter, de les diminuer, de les transformer. Il est déjà difficile d'avoir du pouvoir sur nos propres sentiments ; sur ceux de l'autre, c'est impossible. »

La vivance des sentiments

« Les sentiments sont à la fois le moteur de toute communication – ce sont eux qui nous poussent à partager, à interroger, à interpeller – et un des freins les plus puissants aux échanges ouverts. »

« Comme tout ce qui est vivant, les sentiments se transforment : ils naissent, vivent, changent de couleur et de tonalité, ils mutent et parfois s'éteignent. Ils ne disparaissent jamais sans laisser de traces dans le corps et la conscience de la personne qu'ils ont animée.

Il faudrait dire les mouvances de l'amour, ses sautes d'intensité, les variations de sa vitalité, ses métamorphoses qualitatives. »

« J' AI AIMÉ MON MARI... JE NE L' AIME PLUS »

« J'ai aimé mon mari, mais malgré tous mes efforts, je sens que je ne peux plus l'aimer. Je n'arrive pas à comprendre comment j'en suis arrivée là », ai-je entendu tout dernièrement. La découverte du désamour, du malheur de ne plus aimer, surgit dans notre vie comme une catastrophe semblable à un tremblement de terre. Dans la vie, comme en littérature, il est plus souvent question de la souffrance de ne plus être aimé que de celle de ne plus aimer.

Nous sommes en amour, nous aimons quelqu'un passionnément, nous sommes portés, habités, ensoleillés durant plusieurs années par cet amour, et un jour, un réveil brutal, auquel nous ne sommes aucunement préparés, nous tire de notre état. Nous découvrons en nous-mêmes, dans notre cœur, que nous n'aimons plus. Nous ne sommes plus animés ou émerveillés par l'amour. À la place s'ouvre un vide, un trou, un manque, une immense béance.

Ceux et celles qui ont vécu cela connaissent ce sentiment de désespérance, de nostalgie, parfois de regret qui envahit alors tout l'espace intérieur. Le monde autour de nous, la vie, les petites choses du quotidien n'ont plus le même goût, ni les mêmes couleurs ou la même odeur. Nous sommes moins vivants, moins dynamiques. Il faudra parfois longtemps pour sortir de la grisaille, de l'état de « mal-être », voire du non-être qui caractérise le fait de ne plus aimer l'autre, cet autre que nous avons pourtant aimé, parfois durant de longues années.

Il faut savoir que l'on ne peut pas dicter aux sentiments d'exister ou de ne pas exister. Les sentiments sont indépendants de la volonté. Cette pensée de Pascal si souvent évoquée : *Le cœur a ses raisons que la raison ne connaît point* se rapporte en général à l'éclosion imprévue d'un amour, plus rarement à sa disparition. Celui qui n'aime plus celle qu'il a aimée se sent coupable, incomplet, démuni, vide, dévitalisé. Il voudrait parfois aimer encore, pour faire plaisir à l'autre, pour diminuer sa souffrance, pour pouvoir tenir ses engagements, pour faire face à ses tempêtes, mais quand l'amour a disparu... il n'est plus là. Absorbé par les fissures de la relation, évaporé dans la banalité de la routine, laminé aussi par des malentendus, des maladresses, ou simplement éteint comme la flamme d'un feu qui se transforme en braises puis en cendres froides, cet amour, il y a quelque temps encore si vivant, cet amour est mort.

Nul ne sait à l'avance la durée de vie d'un amour, et nous sommes impuissants, parfois désespérés et nostalgiques face à la disparition d'un amour qui nous a portés vers l'autre pendant si longtemps.

***

SEXUALITÉ

sexualité

Fais-moi amour, fais-toi amour, me disais-tu…

Avant l'amour,
j'ai besoin de ton regard
pour assurer mon existence.
Pendant l'amour,
j'ai besoin de ta main
pour m'ancrer et me laisser aller sans vertige
au plus loin de moi,
au plus près de toi.
Après l'amour,
j'ai besoin de tes bras,
pour m'accueillir
pour me contenir.
Oui, j'ai besoin d'un contenant
après t'avoir reçu.
Que c'est bon d'aller vers ce quoi
je me sens appelé,
le meilleur de toi.

Faire l'amour : un point de départ

«La relation sexuelle ne peut se réduire à un passage à l'acte. Elle est un creuset où devraient se rencontrer tous les langages d'une communication pleine et vivante et surtout toujours en devenir, jamais achevée.»

«Peut-être faudrait-il rappeler que la vie sexuelle peut ne pas s'enfermer ou être limitée aux organes génitaux, mais qu'elle peut se vivre et s'épanouir sur bien d'autres registres. Le corps est un continent aux ressources immenses. Certains couples, dépassant leurs inhibitions, acceptent d'innover, d'inventer des gestes et des jeux sexuels, des approches différentes pour aller vers des découvertes inattendues. Notre corps est notre compagnon le plus fidèle et ses ressources sont infinies quand nous acceptons de le respecter avec ses limites et ses possibles. La rencontre sexuelle est un partage à deux qui peut devenir, à l'occasion, un feu d'artifice pour chacun.»

«La plénitude sexuelle et affective s'atteint progressivement au terme d'un long processus de maturescence. Car combien de difficultés sexuelles et de blocages sont liés à l'incapacité pour l'un des partenaires de renoncer à la toute-puissance implicite de son désir ou de son amour sur l'autre !

Cette maturation suppose tout un cheminement à intérioriser pour pouvoir accepter de passer du désir aliénant sur l'autre au désir créatif et ouvert vers l'autre.»

«La rencontre possible des corps à partir des sexualités éveillées est bien le critère absolu qui différencie la relation de couple de toute autre forme de relation.

Les blocages, les fermetures, les refus qui naissent et se développent parfois durablement chez certains couples sont davantage le résultat de ratés dans la rencontre des corps que d'une incommunicabilité.»

« “Faire l’amour” : Cette expression, qui est la plus souvent utilisée pour nommer, identifier la rencontre sexuelle, ne me convient pas. Dans le faire l’amour, il y a surtout, présente et dominante, l’image de l’acte sexuel, de la pénétration. Or, nous savons que la rencontre sexuelle rassemble, dynamise l’ensemble des langages de l’être humain. Langage du corps bien sûr, mais aussi langages de l’imaginaire, des sentiments, du désir, de la confiance, de l’abandon, de l’inconscient, des émotions – tous participent à la mobilisation de l’ensemble des sens pour permettre l’irruption magique, quasi sacrée, du plaisir. »

« Ne vous contentez pas de trouver le point G de la femme que vous aimez, osez explorer avec elle l’alphabet dans son entier. »

Faire danser la joie

« Parfois la rencontre sexuelle, dans son éphémère, permet ces retrouvailles éclatantes qui nous relient au divin. Par un éveil d’une incroyable acuité, faire l’amour devient un acte sacré où se rencontrent les dieux et les déesses en gestation qui nous habitent. Avec parfois le chagrin et l’amertume de savoir que notre existence sera trop courte pour donner vie et laisser s’épanouir, s’accomplir ou simplement se révéler toutes ces divinités.

Quand l’union sexuelle fait danser ensemble la joie de chacun, l’un et l’autre deviennent un dieu lumineux et une déesse splendide accueillant le commencement du monde. Par nos sens, par tout l’arc-en-ciel de nos émotions, nous rejoignons l’énergie principielle à laquelle nous appartenons, comme si des entrailles de l’expérience corporelle et émotive émergeait l’esprit, comme si un accord prodigieux nous faisait basculer dans une dimension autre, nous transcendait et devenait symbole de la réunification au tout. »

Si nous croyons que chacun est dépositaire d'une part d'amour universel qu'il peut accueillir ou agrandir, alors nous pouvons sentir que la relation sexuelle dans son mouvement et son vertige ascendant nous relie au sacré de la vie, à ce qui ne se divise plus, à l'absolu. »

Une exigence d'intimité

« Le plaisir est une expérience, une création en lui-même, avant tout intime, qui consiste à accéder à l'abandon de ses sens, abandon d'où émergera l'orgasme qu'il s'agit ensuite d'accepter d'offrir et de partager, voire de développer avec l'autre. »

« Faire l'amour suppose un espace d'intimité d'autant plus préservé que cette rencontre s'accomplit dans le don et l'abandon, dans le plaisir et la confiance mutuelle. »

« La communication sexuelle est délicate et fragile, car elle s'inscrit dans une intimité inouïe : c'est une rencontre intracorporelle. Au-delà du dialogue peau à peau, c'est un échange de muqueuses à muqueuses, d'intérieur à intérieur.

Laisser venir l'autre au plus près de soi, le laisser pénétrer, franchir les frontières de son corps, cela n'est pas l'apanage de la femme ; l'homme aussi peut se laisser remplir, et se sentir comblé, ou envahi. »

« Mon point de vue est que la personne qui dévoile les détails de sa vie sexuelle à un tiers (à l'exception d'un thérapeute qu'elle paie pour l'écouter), ou dans un groupe d'amis, a une relation insatisfaisante, frustrante ou pénible. Une vie sexuelle réussie, qui comble chacun des partenaires, reste sous la protection d'une intimité protégée qui n'appartient qu'aux deux personnes concernées. Elle se manifeste extérieurement par une qualité d'échange, des attentions et mille petits signes qui circulent entre les deux êtres et révèlent justement qu'il se passe quelque chose entre eux… dont tous les autres sont exclus ! »

Dépasser les malentendus

« Les malentendus dans les rapprochements sensuels et sexuels ont pour origine des blocages et des refus et ne sont pas, comme beaucoup de partenaires le croient, l'expression d'une défaillance ou d'un changement dans les sentiments. Les langages du corps sont sollicités en permanence dans une vie de couple, aussi est-il essentiel de les entendre et de les parler en tant que tels et d'en préciser la sensibilité, la richesse et l'éclat. On lustre bien les meubles ! On astique bien les cuivres ! On peut aussi donner des soins, des attentions, des marques de tendresse aux gestes du quotidien. On peut sortir de l'enfermement lié à la routine, à la répétition mécanique.

Le langage du toucher peut s'apprendre. Toucher, caresser, effleurer, masser, donner sans prendre, offrir sans imposer, s'approcher sans s'approprier : tous ces gestes agrandiront les possibles d'un couple, nourriront sa vitalité propre.

C'est en acceptant de mettre en jeu tous ces claviers qu'une harmonie conjugale peut se créer.

Encore faut-il entendre ces quelques repères non comme des recettes, mais comme des invitations à emprunter de nouvelles routes, à avancer sur des chemins à explorer. »

« La sexualité exerce un immense pouvoir sur les êtres. Pouvoir de séduction, d'attachement, de domination, d'aliénation, de confirmation, pouvoir mystérieux qui atteint des zones centrales en nous. Ce pouvoir suscite des peurs profondes, des réactions viscérales violentes et toutes sortes de craintes plus ou moins fondées. »

« Toute la vie sexuelle tente de s'incarner, de trouver son apogée dans la rencontre physique, dans les gammes passionnées, pathétiques ou timides d'un corps à corps éphémère ou durable.

L'amour physique semble en difficulté aujourd'hui ; le nombre des insatisfaits augmente parmi les hommes comme parmi les femmes. C'est presque devenu une sorte de gageure que de réussir la rencontre, car le corps ne se commande pas, même quand il est asservi ; il ne se libère pas toujours, même quand il est libre ; il reste pour beaucoup un mystère. D'abord pour soi-même, puis pour l'autre. »

« Le décalage des désirs qui provoque tant de souffrance dans les couples est lié, en partie, aux différences entre le désir masculin et le désir féminin. Il est à rattacher aussi à une méconnaissance de ces différences, et à la difficulté de vouloir concilier des besoins peu compatibles.

Parlons de désir féminin ou masculin plutôt que du désir des femmes et de celui des hommes, puisque chacun porte en lui les deux aspects. Vivre la sexualité, c'est oser la rencontre des dimensions sexuelles présentes en chacun. »

« Dans la rencontre sexuelle, le manque d'amour de soi va induire des rapports d'exigence, de violence, voire de perversité de type sadique. Celui qui ne s'aime pas peut à la fois tout accepter de l'autre et se vivre comme un simple objet de désir, et traiter l'autre comme l'objet de son propre plaisir.

Je repense à cette femme qui s'est, selon ses mots, “révoltée après quinze ans de vie commune”. Elle percevait que son compagnon lui faisait l'amour, non dans le plaisir et l'abandon, mais avec la volonté de vérifier

qu'elle lui appartenait, que son corps était sa propriété. Très souvent, le manque d'amour de soi va orienter la vie sexuelle vers des pratiques de possessivité, de consommation, de captation et d'aliénation de l'autre. »

« Le sexe et la sexualité se présentent trop souvent comme des lieux ou des occasions magiques pour vaincre la solitude, la misère relationnelle ou même les doutes existentiels. »

En avançant en âge...

« De nombreux couples âgés ont une vie sexuelle réduite, par manque d'appétence, disparition du désir, ou encore par pudeur face aux altérations du corps. D'autres, sur ce plan, poursuivent des échanges et des partages réguliers jusqu'à un âge avancé. La vie sexuelle est présente en chacun, sous des formes différentes, jusqu'au terme de la vie. Ce qui est défaillant parfois, c'est le désir. Certains hommes, après quelques pannes, se découragent et renoncent. Leur partenaire, par pudeur ou compassion, n'ose insister. Ainsi s'installe un ralentissement, puis très vite, des absences et des carences dans la rencontre et la fête des corps. »

MA FILLE AIME UNE AUTRE FEMME

C'est une mère qui parle, éprouvant beaucoup d'émotion, de trouble et de bouleversement intérieur.

« Dans un premier temps, j'ai tenté de nier, de penser que c'était juste une expérience, un entraînement un peu facile, une erreur, voire une provocation vis-à-vis de moi… Puis, devant la position très claire de ma fille me disant qu'elle aimait une femme, la tempête a commencé dans ma tête. Je ne pouvais m'empêcher d'imaginer, de voir des images qui me révoltaient. Ce qui dominait, c'était l'idée de relations sexuelles contre nature. Une expression qui remontait de mon enfance : "Ah ! ces deux-là, ils ont des relations sexuelles contre nature !", disait ma mère en parlant de deux garçons-coiffeurs chez lesquels elle allait pourtant se faire coiffer !

Dans le corps de la partenaire de ma fille, je ne pouvais m'empêcher de visualiser le mien. C'est curieux, dans mes propres fantasmes, je voyais ma fille dans les bras d'une femme de mon âge, c'était insupportable.

Ma fille a bien senti que j'étais perturbée, blessée, rejetante même. Elle a pris position avec beaucoup de fermeté et de tendresse en m'écrivant une belle lettre où elle disait : "Depuis plusieurs années (plusieurs années !), j'ai hésité à t'en parler, maman, je pressentais que ce ne serait pas facile pour toi. Jusqu'à maintenant je suis restée très discrète à propos de ma relation amoureuse. Mais mon amie et moi, nous envisageons de vivre ensemble et je ne veux pas avoir à mentir, à me justifier, à te leurrer. Je préfère mettre les choses au clair, même si je te déçois, même si je risque de te perdre. Maman, il est important pour moi de me respecter, car j'aimerais te présenter mon amie, si cela te paraît possible de nous recevoir ensemble." »

Cette mère a eu besoin de plusieurs mois d'apprivoisement et de réflexion pour se sentir capable d'accepter de rencontrer sa fille et la compagne de celle-ci. Je voudrais reprendre ici l'essentiel de ce qu'elle a pu dire à la suite de cette première rencontre : « Mon mari avait refusé d'être présent : "Je ne le supporterai pas, m'a-t-il dit, et je ne veux blesser personne." Il a préféré partir, aller à la pêche ce week-end-là. C'est son système à lui : devant une difficulté à affronter, il fuit. J'ai accueilli ma fille et son amie. Au cours du repas, je n'ai plus vu deux homosexuelles, mais deux femmes qui s'aimaient. J'ai été bouleversée par l'amour qui circulait entre ces deux êtres, par le respect mutuel qu'elles se témoignaient, leur émerveillement, la richesse de leurs échanges, leur simplicité et cette liberté inouïe qu'elles avaient l'une envers l'autre dans leurs gestes et leur conduite. Soudain je me suis mise à rire à l'intérieur de moi, en pensant que jamais on ne m'avait traitée d'hétérosexuelle parce que je fréquentais un homme ! Cette rencontre a changé beaucoup de choses en moi… »

Cet exemple montre tout le chemin parcouru par cette mère pour simplement sortir des images, des stéréotypes, afin d'entendre tout ce que sa fille avait réveillé en elle de contradictions et d'angoisses lorsqu'elle lui avait révélé qu'elle aimait une autre femme... Combien, parfois, nous avons besoin, pour grandir, que nos enfants nous délogent de nos certitudes...

***

SOI
soi

Règle de vie

Encouragez-vous en reconnaissant votre valeur.
Du besoin d'affirmation et du besoin d'approbation,
oubliez le dernier.
Vivez au présent :
tant d'éternité est en gestation dans un instant.
Devenez coauteur de vos relations
en acceptant les possibilités que procure la solitude
et celles, plus imprévisibles, qu'offre la rencontre avec autrui.
Vous serez ainsi le meilleur disciple
de votre propre vie.

Aimez-vous autant qu'il vous est possible de le faire
et même un peu plus qu'il n'est nécessaire.
Vous introduirez ainsi plus de vie dans votre existence,
plus de vivance dans votre vie.
Prenez le risque de vous respecter et de vous aimer.

L'image de soi

« Le chemin est long pour tenter de clarifier et de réconcilier l'image que j'ai de moi, l'image que je voudrais que les autres aient de moi, l'image qu'ils ont de moi et l'image qu'ils voudraient que j'aie de moi… »

« Un homme qui se montre tel qu'il est, dans sa façon d'être, de parler, d'écrire ou d'agir… quelle rareté ! »

« L'image de soi est constituée de toutes les représentations de nous-mêmes que nous avons accumulées en nous durant les périodes significatives de notre vie à partir des reflets, parfois des étiquettes, que nous ont renvoyés les personnes importantes de notre entourage.

Une grande partie de nos comportements ne sont pas des réponses à la réalité d'une situation, mais autant de manières de renforcer et de nourrir l'image de nous-mêmes telle que nous voulons qu'elle soit perçue par les autres. Nourrir, alimenter la "bonne" image de soi peut devenir une activité à plein temps qui entretient de nombreux malentendus et nous coupe à la fois de notre être profond et de la réalité dans laquelle nous vivons. »

Authenticité et travail sur soi

« Il arrive que la rencontre avec certains événements ou personnes soit une excellente occasion pour tempérer les manifestations de notre ego. Soyez attentif à ces événements, à ces personnes, prenez-en soin. »

« Apprendre à se parler à soi-même, pour entendre enfin sa propre parole. Car le plus difficile, ce n'est pas de dire à autrui, mais à soi. »

«Il me semble que l'on se ment aujourd'hui à soi-même avec plus d'habileté qu'autrefois, ce qui rend le travail sur soi plus difficile.»

«Il y a un grand désir, plus ou moins caché au cœur de chacun, de pouvoir se dire sans être jugé, sans être récupéré, ni rassuré, ni rejeté, ni étiqueté. Simplement être entendu tel qu'on se sent pour mieux s'entendre soi-même.»

«Avec l'âge, après avoir mené de multiples combats contre l'injustice, la torture et l'intolérance, pour la liberté de la procréation, la contraception, l'enseignement de la communication à l'école, il m'arrive de penser qu'il reste un combat ultime à mener: le combat contre soi-même. Non pas un affrontement destructeur, mais un combat contre l'aveuglement, la surdité, la pseudo-compréhension qui incitent parfois à tout accepter au nom d'une tolérance qui n'est plus alors que du laxisme...»

«Toute démarche pour entreprendre un travail sur soi commence, d'une part, avec la prise de conscience que nous sommes des êtres d'évolution et, d'autre part, avec la croyance qu'il est possible de changer, de sortir des répétitions, de ne plus s'enfermer dans les mêmes pièges relationnels, ou encore d'oser mettre des mots sur ce qui paraissait jusqu'alors de l'ordre de l'indicible.»

«Le plus difficile, dans la recherche de notre vérité intime, c'est que parfois on risque de la trouver.»

«Être un bon compagnon pour soi, ce ne sera pas vivre en autarcie relationnelle dans un univers clos, fermé à tout échange. Ce sera entrer en dialogue, en relation avec différents aspects de soi-même pour mieux se connaître, y voir plus clair et mieux s'entendre. Pour devenir, justement, plus ouvert, plus congruent et plus attractif. En un mot: plus vivant.»

Le respect de soi

«Mon travail le plus essentiel est d'inviter chacun à respecter la vie qui est en lui et qui lui a été confiée. C'est par la qualité des relations et le respect de soi que cette vie sera vivifiée.»

«Établir une bonne relation avec soi, se respecter, être congruent c'est-à-dire veiller à ce qu'il y ait un accord entre ce que je pense et ce que je fais, entre ce que je sens et ce que je dis, me semblent être de bonnes prémisses pour devenir un bon compagnon pour soi.»

«Avec quelle habileté je blessais autrefois le meilleur de moi en moi. Je n'avais pas cette obligation de conscience qui m'habite aujourd'hui et me rend exigeant surtout avec moi-même.»

«Ne croyez pas que la richesse se mesure aux choses que l'on possède. Elle se mesure aux choses dont on peut se passer, quand on a beaucoup à l'intérieur de soi.»

«Osez vous définir et marquer la différence quand l'autre tente de vous définir... à partir de sa vision à lui.

Expérimentez en créant du réel au-delà de vos croyances. Vous ne produisez rien que vous ne puissiez résoudre.

Prenez soin de vous réellement, journellement. Vous êtes unique et extraordinaire... même si vous l'avez oublié. Vivez comme si vous étiez seul et acceptez de vous relier aux autres chaque fois que cela vous paraît possible...

Voyez les autres comme des cadeaux et, mieux encore, comme des présents qui enrichissent votre vie.

La pire des solitudes n'est pas d'être seul, c'est d'être un compagnon épouvantable pour soi-même... en s'ennuyant en sa propre compagnie.

Alors n'hésitez plus, soyez un bon compagnon pour vous...

Votre vie vous le rendra au centuple.»

Pour s'aimer

Pour s'aimer,
il semble important de ne pas avoir
été élevé à partir d'injonctions,
de disqualifications, de chantages,
de menaces, de comparaisons ou
de culpabilisations, mais plutôt à partir
d'une relation qui permettait
et favorisait l'échange en réciprocité,
dans la tolérance des vécus différents,
dans l'apposition et la confrontation
plus que dans l'opposition
et l'affrontement.

Des relations fondées
sur une alternance possible
des rapports de force,
c'est-à-dire dans la possibilité
d'échanges et de partages
en réciprocité.
On m'a souvent demandé :
« Puisque vous dites que la source de
l'amour est l'amour de soi, quelle est
alors la source de l'amour de soi ? »

L'amour de soi

« Il ne nous est possible d'aimer, c'est-à-dire d'être dans le don de l'amour, dans l'amour oblatif centré sur l'autre, que si nous acceptons d'abord de nous aimer et de manifester à notre propre égard de la bienveillance, du respect, une compassion chaleureuse. »

« Seuls ceux qui s'aiment et s'estiment eux-mêmes peuvent se laisser porter dans la durée par l'enthousiasme pour un autre. Leur élan n'est pas basé sur l'envie ou le besoin, mais sur le plaisir et l'amour de la différence. »

« Les sources de l'amour de soi sont multiples et universelles :

- l'amour reçu, quand il est de bonne qualité, c'est-à-dire quand il n'est pas l'enjeu d'un troc affectif, d'un conflit de fidélité, et qu'il n'est pas dévoyé par de la culpabilisation sacrificielle ;
- les gratifications et les confirmations que nous engrangeons lorsque nous faisons des expériences positives, ainsi que les relations au sein desquelles nous nous sentons acceptés de façon inconditionnelle, sans être jugés ;
- la valorisation de nous-mêmes lorsqu'elle nous est offerte sans complaisance et qu'elle est chaleureusement confirmée à l'occasion de nos réussites ;
- l'élan de vie ou la vivance qui nous traverse quand le divin qui est en nous devient un appel nous portant à l'accomplissement de nos possibles.

Toutes ces expériences favorisant l'amour de soi peuvent avoir été vécues avec d'autres personnes que nos parents : grands-parents, amis, voisins, professeurs, thérapeutes... Retrouver la trace intérieure de ces souvenirs précieux, pour se relier au bon que nous recelons, est un beau cadeau à se faire. »

«C'est en reconnaissant une valeur à ce qui sort de soi que nous commençons à construire confiance et estime de soi.

L'estime de soi sera en quelque sorte la sève qui nourrira l'amour de soi dont nous aurons besoin pour pouvoir aimer autrui.»

«L'amour de soi est la première forme de respect et de positivité à l'égard de soi-même. C'est notre regard qui donne une coloration, c'est notre écoute qui donne un sens à l'intention de ceux qui nous entourent. Ce sera aussi la base pour une qualité d'écoute, d'ouverture aux autres. L'amour de soi constitue la pierre angulaire de l'édifice, sans cesse en mutation, d'une personnalité. De lui dépendront l'énergie et l'intensité avec lesquelles nous allons pouvoir nous relier aux sources vives de notre existence.»

«L'amour de soi va se nourrir de la qualité des relations les plus significatives de notre petite enfance. Si nous avons vécu des relations dans lesquelles dominaient les sanctions, les menaces, les disqualifications, les jugements de valeur ou les rapports dominants/dominés, il est vraisemblable que notre amour pour nous-mêmes sera amputé ou limité. Si, au contraire, nos proches ont cultivé l'invitation à se dire, la non-collusion entre sentiments et relations, la reconnaissance gratifiante, la différenciation entre besoin et désir, l'écoute centrée sur la personne et non sur le problème, alors il est certain que nous avons pu inscrire les bases fiables d'un amour en nous et pour nous-mêmes. L'égocentrisme, et même l'égoïsme, ou la tendance à ramener tout à soi, seront donc la résultante de relations peu gratifiantes, dans lesquelles dominaient souvent la violence des désirs et des peurs de l'autre déposés sur nous.»

«En développant en soi les bases d'un amour plus libre, c'est à l'ensemble de l'univers que nous offrons plus de possibles d'amour.

Les enfants de demain devront pouvoir accueillir l'avenir tel que nous le leur préparons aujourd'hui et en même temps l'influencer suffisamment pour offrir un avenir meilleur à leurs propres enfants.

C'est par des relations exigeantes, centrées par des positionnements clairs dans l'ordre des gratifications et des frustrations de la part des adultes, que vont pouvoir se construire chez les enfants d'aujourd'hui les prémices d'un amour de soi susceptible de s'ouvrir plus tard à un amour d'autrui suffisamment libre, créatif, respectueux et porteur de vie.»

LES BONNES RÉSOLUTIONS DE DÉBUT D'ANNÉE

Avec l'arrivée du printemps, il m'arrive de repenser aux bonnes résolutions que je prends, avec une détermination farouche, au début de chaque année. Ces décisions intimes concernent de nombreux domaines. À mi-chemin entre injonctions et rêveries, elles touchent en même temps différents strates et enjeux de ma vie.

L'alimentation par exemple : « C'est décidé, je supprime le sucre dans le thé (j'ai déjà supprimé le lait il y a quatre ans, avec succès !). Et il faut que j'apprenne à manger lentement, que je savoure chaque mets, que je goûte chaque parfum.

L'activité physique est un autre enjeu : « Je pourrais quand même faire un peu de marche tous les jours, voire me muscler un peu. Il serait temps que je ressorte du garage ces haltères et ces poids que j'ai achetés voilà 10 ans, et qui n'ont jamais servi ! »

Et la vêture : « Il faudrait que je change de look. Tous les types de ma génération portent des polos ou des chemises ornés de marques en forme d'animaux, des dromadaires, des chevaux, des crocodiles, des lions, je ne sais plus ! Il serait temps que je passe au blouson léger, aux mocassins, chics bien sûr, et plus confortables que mes semelles compensées. Il faudra que je revoie tout cela sérieusement, je veux dire plus légèrement… »

Et puis : « Je devrais m'occuper un peu plus de mes enfants. » J'aurais dû placer cette décision en premier, me direz-vous, mais vous comprenez bien que toutes ces remarques forment un tout. En effet, si je ne suis pas bien avec moi-même, je ne pourrai pas être bien avec mes enfants ou ma compagne… Avec elle d'ailleurs, je devrais me montrer plus attentionné, être plus présent, envisager quelques sorties au restaurant ou au spectacle : « Aussitôt la billetterie ouverte, je réserverai, c'est sûr, pour le festival d'Avignon et même pour les chorégies d'Orange. »

Mais l'urgence, au fond, c'est moi. Enfin, je veux dire ma façon de vivre – oserai-je me l'avouer ? Ma décision première devrait être de prendre soin de moi, de me dorloter un peu plus, de m'accorder quelque attention, en un mot, de me respecter. L'alimentation, la vêture, un peu de sport, du sommeil… c'est important, mais tant de choses sont à revoir dans ma vie !

***

SOUFFRANCE

souffrance

Détresse

Il y a des larmes humides,
celles de la tristesse,
et celles, plus sèches,
de la détresse
qui ne peut se dire.

Des blessures secrètes

«La souffrance est le langage privilégié d'une blessure qui se réveille. Ne bâillonnez jamais une souffrance qui tente de se dire.»

«C'est la souffrance qui provoque la demande de reconnaissance la plus exigeante. La douleur psychique a un besoin impérieux d'être entendue (même celle des personnes qui ont tout pour être heureuses). Si la souffrance intérieure n'est pas suffisamment reconnue, elle se manifestera par toutes sortes de maladies ou d'accidents qui, eux, ne passeront pas inaperçus.»

«Le propre d'une souffrance insupportable est de dire et de cacher en même temps la blessure secrète.»

«Nous portons les cicatrices de nos blessures. À nous de les honorer et de les respecter, car elles disent aussi que nous avons survécu et que cela nous a peut-être rendus plus forts ou plus lucides.»

«Pour certains, prendre sur eux la peine de l'autre, s'approprier le malheur d'autrui et tenter d'en prendre soin sont des activités à plein temps. Mais en souffrant à la place de l'autre, en s'identifiant aux difficultés ou aux déboires d'un ami ou d'un inconnu, ces personnes font l'économie de s'occuper d'elles-mêmes. Elles évitent ainsi d'avoir à se pencher sur leurs propres interrogations et blessures.»

Sous les relations amoureuses : des blessures originelles

« Les reproches et les plaintes ne sont que la partie visible de l'iceberg. Ce qui reste caché, immergé, c'est la souffrance, la déception, la frustration et le manque. »

« À l'aimé, certains présentent leur souffrance et leur mal-être comme une preuve d'amour. »

« Qu'est-ce que nous demandons le plus : d'être aimés ? Non, d'être choisis !

Nous demandons à l'autre de faire la preuve qu'il sera au service de notre blessure la plus profonde. »

« Tout se passe comme si nous avions engrangé quantité d'informations qui s'étaient organisées à l'intérieur. Parmi elles, il y a des blessures originelles. Elles produisent à nouveau de la souffrance lorsqu'un événement, même minime, vient les réactiver.

J'attribue alors la souffrance à l'autre (tu me fais souffrir…) alors que la seule origine de ma souffrance est ma blessure.

Nos inconscients nous dirigent vers le partenaire qui saura le mieux à la fois panser et rouvrir nos blessures. C'est sur ce paradoxe que va se construire la relation, avec les pleins et les manques de l'autre en symétrie ou en asymétrie avec mes manques et mes pleins. »

« Quand deux personnes qui s'aiment s'arrangent pour se faire du mal, elles ne peuvent oublier la nécessité vitale de rester ensemble.

L'auto-souffrance entretenue est un ciment quasi inaltérable. »

Ma souffrance

Ma souffrance n'est pas de te perdre
elle est dans la nostalgie
de n'avoir pas su te rencontrer
aux mille détours de notre vie commune.

AMOUREUX DE SA SOUFFRANCE

Cet homme me disait combien sa vie avait basculé, dix ans plus tôt, quand sa femme, après quinze ans de mariage, avait pris la décision de « rompre l'alliance ». Je reprends ses termes car ils sont importants pour lui. Il ne m'a pas dit « Elle m'a quitté, elle est partie » ou « Elle est tombée amoureuse d'un autre » mais « Elle a rompu l'alliance ».

Et il ajouta : « Moi, j'avais fait alliance avec cette femme contre ma famille qui ne voyait pas ce mariage d'un bon œil. Cette alliance m'engageait pour la vie et je croyais qu'il en était de même pour elle. Chaque jour, depuis, je repense à cette trahison incompréhensible. Il n'y a pas d'instant où je ne m'interroge, poursuivit-il. Pourquoi a-t-elle fait cela ? Je souffre de ne pas comprendre. Je ne souffre pas de son absence, je n'ai jamais imaginé que je pourrais revivre avec elle, même si elle me le demandait. Non, je souffre et c'est insupportable d'être passé à côté de quelque chose d'essentiel. Ne croyez pas, ajouta-t-il, que je pense à elle, je pense surtout à nous, à elle et moi comme un tout. Un tout devenu, depuis son départ, une béance. Je pense à cette faille insondable qu'il y a en moi. »

Et à ce moment-là, après un temps de silence, il prononça cette phrase étonnante : « Je crois que je suis amoureux de ma souffrance. Je lui consacre aujourd'hui l'essentiel de mon temps. Cette souffrance est devenue le sens de ma vie… »

En écoutant cet homme, j'étais bouleversé par la force, la puissance de sa fixation à cet épisode de sa vie conjugale, certes important et douloureux, à ce questionnement répétitif, obsessionnel : « Pourquoi a-t-elle fait cela ? »

Quand nous vivons un événement qui nous bouleverse, l'essentiel n'est pas tant de nous interroger sur le pourquoi de l'acte ou du comportement de l'autre, sur son attitude, mais sur l'impact que cet acte a sur nous, sur le retentissement, dans notre histoire intime, de ce comportement ou de cette attitude.

Il y a toute une déperdition énergétique, une sorte d'hémorragie d'énergie vitale à vouloir comprendre ou s'approprier une explication émanant d'autrui ou le concernant, alors que nous aurions précisément besoin de toutes nos ressources pour affronter ce qui nous arrive et traverser la crise, pour dépasser le choc du cataclysme qui s'est réveillé au profond de nous et nous réconcilier avec la part de nous-mêmes qui a été dévastée, blessée.

En nous centrant ainsi sur l'autre, nous faisons l'économie d'une interrogation nécessaire et vitale sur nous-mêmes, qui pourrait nous conduire bien plus loin, c'est-à-dire plus près de notre vérité intime.

***

TEMPS *temps*

Prendre du bon temps

Si j'avais eu les mots pour me faire
entendre du haut de mes six ans,
je vous aurais dit, à vous mes parents :
« Ne parlez pas trop de moi,
ne me dictez pas ce que je dois sentir
ou éprouver,
ni comment penser ou faire,
laissez-moi un espace où je puisse
enfin me rencontrer. »
Si j'avais eu les mots les plus nécessaires,
du haut de mes dix ans, pour exprimer
les choses importantes
de ma vie d'enfant blessé, je vous aurais
dit, à vous mes enseignants :
« Reconnaissez plus souvent en moi
ce que j'ai fait, plutôt que ce que
je n'ai pas fait. »
Si j'avais eu les mots les plus vitaux,
du haut de mes quinze ans,
pour traduire le chaos
de mes interrogations, de mes doutes
et de mes peurs,
je vous aurais dit à vous,
à vous qui m'étiez proches :
« N'ayez pas peur de mes errances,
ne soyez pas effrayés par mes réactions,
osez vous affirmer devant
mes incohérences et confirmez-moi
votre solidité et votre présence. »
Si j'avais eu les mots les plus
indispensables pour mieux gérer ma vie
du haut de mes vingt ans,
je vous aurais dit à vous tous,
à ceux du monde entier :
« Ne raillez pas mes utopies, ne riez pas
de mes enthousiasmes,
ne blessez pas mon avenir,
ne tuez pas la vie, aidez-moi à protéger
encore un peu la planète sur laquelle
je vais tenter de vivre. »
Si j'avais eu les mots les plus justes,
du haut de mes trente-cinq ans,
pour mieux vous aider à apprivoiser
le monde qui vous entoure,
je vous aurais dit, à vous mes enfants :
« Osez votre vie, vous seuls allez la vivre,
n'hésitez pas à me restituer les messages
négatifs que j'ai pu déposer sur vous,
confrontez-vous sans peur à mes erreurs. »
Si j'avais aujourd'hui les mots
qui me paraissent les plus porteurs de rêve
et d'espoir, je vous dirais, du haut de mes
soixante-dix ans, « que la vie est belle
et qu'elle mérite d'être aimée,
que je ne savais pas qu'elle était si courte,
si vivante, même si elle avance plus vite
ces derniers temps,
de la première minute de l'aube
jusqu'à la dernière seconde de chaque jour ».
Si je trouvais, un jour, du haut de mes
quatre-vingt-dix ans à venir,
les mots magiques pour arrêter le temps
et savourer l'instant,
je pourrais enfin prendre du bon temps.

Le temps de nos âges

« Le temps de la vie, qu'est-il ? Celui de l'état civil : entrée et sortie, naissance et décès ? Pour moi, la vie est ce que je vis à chaque instant, le temps ne m'impose pas sa loi. Il sait s'accélérer quand je me rapproche de la personne que j'aime, ralentir quand je suis auprès d'elle, traîner parfois quand je suis loin. Les souvenirs, les espoirs aussi me font complice de ce temps dont j'ai l'entière disposition. »

« Enfant, je voulais bousculer, pousser le temps, pour qu'il aille plus vite. Plus tard, j'ai voulu l'agrandir, lui donner plus d'espace. Plus tard encore, j'ai souhaité le ralentir, l'inscrire dans la durée. »

« Un adulte, ce n'est pas un enfant qui a mal tourné, c'est un ex-enfant qui a oublié qu'il l'avait été. »

« Rappelons la sagesse des Peuls :

de 0 à 21 ans, il faut se former en apprenant avec les autres,

de 21 à 42 ans, il faut se former en travaillant,

de 42 à 63 ans, il faut se former en formant les autres,

de 63 à 84 ans, il faut se former en racontant aux autres l'histoire de la tribu ou du clan,

au-delà de 84 ans, quand on y arrive, tout est possible ! »

L'instant présent et l'avenir

«Dans la rivière du temps, prendre le temps de s'immerger pour donner à l'instant toute son intensité.»

«La vie est toujours en devenir, mais il ne faut jamais oublier de la vivre au présent.»

«Le présent ne doit dépendre ni de l'évanescence du passé, ni de l'incertitude de l'avenir. Il doit se vivre au présent.»

«Ah! Ne rien faire pour avoir le temps de faire plein de choses passionnantes...»

«Il y a un moment de la vie où il faut arrêter de regarder l'avenir dans le rétroviseur, car ce dernier est tourné vers le passé!»

«Vivre au présent est un vrai cadeau à se faire: être vraiment là, entier, ouvert au moment qui surgit, au temps qui passe, à la relation dans laquelle on est engagé – quel plaisir!»

«Revenir sur le temps qui fuit ou se dérobe n'est pas possible, ni souhaitable. Et anticiper le temps futur est hasardeux, car il est difficile de faire des prophéties, surtout si elles concernent son propre avenir! Le mieux, c'est encore de vivre et de jouir de chaque parcelle de sa vie. C'est bercer son désir, lui laisser la liberté de prendre des chemins inattendus, ahurissants parfois, alanguis ou fougueux, surprenants et stimulants.»

«L'avenir surgit au fil du quotidien sans effort, il se renouvelle à chaque instant. Notre seule responsabilité est de ne pas l'abîmer.»

«La mémoire du cœur est le plus court chemin pour retourner à nos sources et agrandir l'avenir.»

À la cime du ciel

Entre oubli et enfance
j'ai engrangé ma vie.
Entre étoiles et désastres
j'ai navigué longtemps.
Entre cris et silences
je me suis égaré.
Entre peurs et espoirs
je me suis entendu.
Entre neige et printemps
j'ai laissé mes écorces.
Puis tu m'as accosté
à la cime du ciel
météorite d'azur
et je suis devenu
cette saison de toi
aux couleurs du jasmin.

S'EN TENIR AU PRÉSENT QUAND LE FUTUR EST IMPOSSIBLE

Elle m'écrit. Elle m'écrit pour me dire à la fois son espérance et son chagrin. Lettre lancée dans l'espace ouvert d'une écoute envisageable, lettre-bouée, appel au secours ou lettre-libération, qu'importe. Celui ou celle qui écrit a besoin non seulement de se dire mais de se dépasser, d'aller au-delà de lui-même. Il réclame attention, écoute, acceptation inconditionnelle de ce qu'il vit, pour aller vers un espace de lui-même où il peut se retrouver, se réconcilier peut-être avec ce qui est bon en lui.

Elle savait que son fils aimait les hommes, elle vient de découvrir, incrédule puis révoltée, qu'il a le sida :

« En ce moment, j'ai tout froid à l'intérieur de moi, des frissons désolés me traversent, mais les retrouvailles avec lui sont gaies. C'est incroyable, mais je ris avec lui. Nos échanges et partages sont si joyeux, si vivants, tels que je n'en avais plus vécu depuis ses cinq ans. Cela fait un tiers de siècle que je m'étais coupée de lui, peut-être trop respectueuse de son indépendance, ou qu'il s'était éloigné de moi, sa mère. Ce n'est pas un enfant que je retrouve mais un homme, un homme fragilisé mais encore solide, avec un appétit de vivre que je ne lui ai jamais connu. C'est moi maintenant qui ne sais pas m'en tenir au présent, qui n'arrive pas à vivre l'instant, sans cesse habitée par ce besoin inquiet de toujours anticiper un avenir que je sens terrible, que je perçois comme dangereux et menaçant. Je suis remplie d'une multitude de pensées polluantes qui me déchirent, me déstabilisent. Alors que c'est lui qui a besoin de soutien, c'est moi qui voudrais être secourue...

Je suis touchée bien au-delà de tout ce que je peux dire. Un renversement de vie, alors que j'avais enfin conquis ma liberté, que les difficultés matérielles s'aplanissaient, que je commençais à vivre vraiment pour moi, comme une femme à part entière, et voici que je redeviens mère, maman, à temps plein, totalement engagée dans la survie de mon fils, de mon petit... »

Cette mère ajoute au bas de sa lettre, comme dans un cri : « Je l'aime à en avoir le cœur qui éclate. » Et cela me renvoie à une autre lettre qu'une amie m'avait adressée à la même époque : « Sans père, sans frère, je ne connaissais des hommes que le mystère et la tentation. Puis vint mon fils... » Cela réveille aussi des échos qui ne restent jamais très longtemps silencieux en moi, sur la responsabilité que j'éprouve vis-à-vis de mes enfants, adultes quadragénaires autonomes et engagés dans la vie, mais vis-à-vis desquels je reste en état de veille, malgré tout l'apparent détachement que je montre.

S'en tenir au présent, surtout quand il est bon à vivre, n'est pas toujours possible, mais quand il n'est qu'une séquence dans un avenir qui s'accélère, cela devient difficile. Nous sommes des êtres porteurs d'une histoire dont l'écheveau n'est jamais complètement dévidé et dont de nombreux fils nous tirent souvent vers le passé, nous immobilisent ou nous renvoient à des situations inachevées, à des blessures douloureuses ou à des rêves fous. Nous sommes aussi des rêveurs, des bâtisseurs d'avenir qui voulons mettre le futur au service de nos désirs, surtout quand celui-ci se dérobe ou que l'horizon laisse apparaître des zones d'ombre et se fait menaçant. Nous avons ainsi à naviguer au plus près de l'instant, dans un présent au présent.

***

TENDRESSE

tendresse

« Au-delà de ce qui est ressenti au présent, la tendresse est un germe de vie destiné à prolonger l'infinitude de l'instant. »

« Je crois aujourd'hui que nous recevons en dépôt, comme un cadeau, une parcelle de vie et d'amour au moment de notre conception. Que notre mission, le sens de notre passage sur terre consiste à permettre à cette graine de vie, ce germe d'amour qui a été déposé en nous, de s'épanouir, de façon à laisser à l'univers plus de vie et d'amour que nous en avons reçu. La tendresse à l'égard de la Terre-mère, Gaïa, ainsi qu'à l'égard de l'univers, participe de cette démarche : laisser, après notre passage, plus de vie, de tendresse et d'amour pour ceux qui nous suivront… »

« La tendresse se fraye un chemin entre ce que nous donnons et ce que nous recevons, ce que nous proposons et ce que nous acceptons quand nous découvrons que derrière toute peur existe un immense désir de vivre, que sous le couvert d'apparences rigides, l'abandon et la confiance en l'autre sont possibles. »

« La tendresse et l'amour sont les seules richesses de ce monde qui croissent lorsqu'elles sont partagées. »

« Vous étiez le sourire si longtemps recherché au temps de ma jeunesse et vers lequel durant tant d'années j'ai erré en mendiant de tendresse… »

LA TABLETTE DE CHOCOLAT

Les anniversaires, les rencontres et les fêtes familiales peuvent être de bons moments pour reparler du passé, ressusciter des moments heureux ou moins heureux, les dépoussiérer et même les embellir au travers de mille détails, réinventés, toujours renouvelés. Ils sont souvent l'occasion d'un échange qui étonne les uns, égaye les autres et parfois choque les plus réservés.

Mélanie raconte :

« J'étais la plus petite de trois sœurs. Les deux grandes m'envoyaient plus souvent qu'à mon tour faire des bêtises, c'est-à-dire oser pour elles ce qu'elles n'osaient entreprendre... Je rechignais, mais elles m'obligeaient, en me culpabilisant, disant que de toute façon je ne risquais rien, que j'étais la préférée, l'innocente. Cette fois-là, il fallait que j'aille prendre du chocolat dans le placard aux sucreries, en cachette de maman bien sûr ! La porte faisait du bruit, elle crissait, j'avais peur. Je devais me tenir sur la pointe des pieds pour attraper la tablette la plus proche. Pendant ce temps, ma mère papotait avec des amies dans le salon. Soudain elle m'appela : "Mélanie, viens par ici !" J'avais la tablette à la main. Je me sentis découverte. Aussi me suis-je avancée lentement en faisant glisser la tablette derrière mon dos, dans les plis de ma jupe, et je me suis plaquée contre le mur pour la coincer. Les amies de ma mère étaient des couturières, venues pour nous essayer des robes. Je refusai : "Non, non pas de robe, je n'en veux pas !" On m'a pourtant obligée à m'approcher, à me déshabiller et, forcément, la tablette de chocolat est tombée à mes pieds. Je fus grondée fort. Je crois que ma mère était honteuse devant ses amies. Moi aussi j'avais honte, tellement honte... Et mes sœurs n'ont rien dit ! C'était il y a plus de trente ans. »

Sœurs et nièces ont croqué ensemble à belles dents ce souvenir à la fois douloureux et heureux. Une des nièces, le lendemain, a raconté toute l'histoire à son grand-père, le père de Mélanie. Celui-ci, tout ému, l'a aussitôt appelée au téléphone. Il ne savait rien de cet incident, sa femme, à l'époque, ne lui avait rien dit. Et ce jour-là, à soixante-quinze ans, il s'est mis à pleurer d'émotion et de tendresse : « Ma toute petite, comme tu as dû avoir du chagrin d'être punie à la place de tes sœurs... Et tu ne les as pas dénoncées, tu n'as rien dit en plus. »

Après tant d'années, Mélanie entend enfin les mots d'apaisement et de réconciliation que cette aventure méritait, les mots de tendresse de son père. Quelques jours plus tard, elle reçut un petit paquet, accompagné d'une carte : « Ma petite voleuse de chocolat chérie, voilà une tablette de chocolat pour toi, rien que pour toi, et du pain aux raisins, pour le plaisir. Je t'embrasse. Ton papa. »

Ce qu'il y a de formidable dans les relations humaines, c'est que l'on peut toujours revenir dessus, mettre des mots sur des non-dits, sur des malentendus, sur ces blessures de l'âme enfantine pour se réconcilier avec sa propre enfance.

***

TERRORISME RELATIONNEL

terrorisme relationnel

« À l'origine du terrorisme relationnel se trouve souvent un vécu douloureux porté dans le silence, la fuite et les compensations. Les blessures faites sont de l'ordre de l'indicible. »

Terrorisme politique et terrorisme relationnel

« Le terrorisme politique fait usage de la violence pour provoquer un changement d'attitude chez les autres en les impressionnant par un climat d'insécurité. Il en est de même du terrorisme relationnel. Sa perversité tient au fait qu'il n'invoque pas la haine ni la guerre, mais que c'est au nom de l'amour familial ou amoureux qu'il exerce une violence. Ce sont les sentiments généreux, la loyauté et la peur de perdre l'amour qui sont exploités pour amener l'autre à se conformer.

Le terrorisme relationnel se joue quotidiennement autour des tables familiales, à la douce clarté des lampes du foyer, dans les lits conjugaux ou non, dans les voitures qui roulent vers le soleil des vacances. Famille, couple, relations proches, lieux d'implication et d'attentes affectives intenses, la violence exercée sur les autres sera à la mesure des désirs et des peurs projetés sur eux et des déceptions ressenties. Les mots utilisés par ceux qui se sentent victimes d'un terrorisme affectif sont violents : possession, étouffement, écrasement, emprisonnement, tyrannie, paralysie, momification, mort ("Je suis comme mort").

"Devant lui, je n'existe plus."

"Quand elle parle comme ça sur moi, je me désagrège, je perds toute unité."

"Je ne supporte plus d'entendre parler sur moi, cela me démolit." »

« À la clef du terrorisme relationnel se trouve une tentative de substitution :

- Substituer mon désir à celui de l'autre.
- Faire passer mon besoin avant le sien.
- Remplacer son idéologie par la mienne.

Le terrorisme peut prendre la forme douce de la bienveillance : "Il vaudrait mieux pour toi que tu...", ou du paternalisme : "J'ai pensé que ce serait mieux pour toi de ne pas partir seul en vacances, aussi j'ai demandé à Jean de t'accompagner", ou une forme plus ouvertement violente (critique, chantage et reproches) : "Si tu ne te maries pas à l'église, c'est que tu ne nous aimes plus, tu n'es plus mon fils", "Si tu revois cette personne, je ne t'adresse plus la parole".

Cela peut prendre encore les terribles formes de l'injonction paradoxale (messages contradictoires) ou du déni (faire comme si l'autre n'avait rien dit, comme si ses opinions et désirs personnels n'existaient pas). Une des formes subtiles du déni consiste à s'emparer de la parole de l'autre en lui répondant :

"Oui je sais."

"Je savais que tu allais me parler de ça"

La pensée de l'autre est ainsi privée de valeur puisque je la possédais avant lui. »

« Le terrorisme *agi* et subi signe nos peurs et nos faiblesses. Il y a tout de même une différence essentielle entre le terrorisme politique et le terrorisme relationnel. Le premier est voulu, concerté, prémédité, conscient. Le second est agi sur un mode généralement compulsif, c'est-à-dire non volontaire et le plus souvent inconscient... Il s'introduit dans les relations avec une habileté, une subtilité et une constance incroyables, déjouant les prévisions, contournant les intentions, sabotant les meilleures résolutions.

Nous pensons que le terrorisme relationnel ancien ou actuel est à l'origine de beaucoup de maux physiques et psychiques qui deviennent chroniques pour permettre à une personne – et c'est là un paradoxe – de survivre dans un chaos qui serait sans cela intolérable.»

«Celui qui boude se comporte comme un redoutable terroriste relationnel, dans le sens où il maîtrise parfaitement des "armes" aussi efficaces que la culpabilisation, le reproche implicite, le maintien d'une tension dans les échanges, l'accusation indirecte et directe, ou l'utilisation d'enjeux affectifs autour de la menace d'un non-amour et d'un rejet possible de sa part.

"Enfant, quand je boudais, maman était tellement malheureuse qu'elle revenait toujours sur sa décision. Je savais qu'au bout d'une heure maximum, elle craquerait."»

«Le terrorisme relationnel commence quand l'un des partenaires tente par la force physique, par la contrainte morale, par la culpabilisation, d'imposer son désir à l'autre. Il y a des phrases terribles qui circulent alors.

"Tu n'es pas normale, tu es frigide."

"Tu n'es pas un homme si tu n'es pas capable d'avoir du désir pour ta femme."»

Peur et culpabilité

«Oui, répondre malgré soi, contre soi parfois, aux attentes formulées ou imaginées de l'autre est un double piège : d'abord parce que nous ne savons pas quelles sont les attentes réelles et généralement contradictoires de l'autre. Ensuite, parce qu'il n'est pas possible d'être authentiquement soi-même en se conditionnant pour satisfaire la demande, exprimée ou supposée, de l'autre.

Sans ce besoin de se conformer aux attentes apparentes ou cachées de l'autre, aucun terrorisme relationnel ne pourrait avoir prise. L'autre aurait beau brandir ses menaces de suicide, ses maux de tête, son désespoir ou son jugement, il ne susciterait pas en nous d'autres sentiments qu'une éventuelle compassion. Il ne pourrait pas réveiller notre culpabilité ni nos besoins réparateurs et protecteurs.

Toute mission explicite ou implicite n'a de poids sur nous que parce qu'elle s'accroche à notre désir de nous conformer à l'attente de l'autre.

Une mission n'est pesante que si nous nous en chargeons.»

«La dynamique terroriste survient lorsque, dans une trop grande mesure, je fais dépendre mes besoins des autres, lorsqu'il m'est insupportable que ceux qui me sont chers ne correspondent pas à mes espoirs, lorsque je ne tolère pas qu'ils diffèrent de l'image que j'ai d'eux. Le terrorisme est basé sur l'ensemble des intentions, désirs et peurs exprimés, projetés sur l'autre, accrochés à l'autre, sous prétexte d'amour.

Lorsque j'étais bébé, il suffisait que je crie ou que je grimace pour que quelqu'un devine mes besoins et les satisfasse. Cette puissance-là est difficile à lâcher!»

«Lorsqu'il y a conflit, difficulté, séparation ou désaccord douloureux dans une relation, le terrorisme consistera à tenter de rejeter tout le mauvais sur l'autre. Pour garder de soi-même une image moralement parfaite, pour se sentir du bon côté, il semble nécessaire de prouver à l'autre que tout est de sa faute.»

«Le terrorisme ne peut s'exercer que grâce à la collaboration de celui qui en est la victime. Il y a, d'ailleurs, souvent deux victimes, car le terrorisme peut être réciproque et la force de la faiblesse est immense. Celui qui se soumet attribue à l'autre une toute-puissance fantasmée, ou du moins lui prête et même lui donne un pouvoir surfait.»

«Le nerf du terrorisme sera la peur. Sa puissance est liée à la rencontre et à la combinaison de deux peurs, la mienne et celle de l'autre. Nous sommes des êtres aux peurs multiples, aux peurs entrelacées du présent, du passé et du futur, tissu incroyablement ramifié d'imprévisible, d'inconnu et de connu.

Lorsque j'exerce une pression, une violence, c'est toujours à partir de ma peur :

"Ne t'habille pas comme cela."

"Je trouve que tu te laisses aller avec tes copains."

"Je ne vois pas à quoi ça t'avancera de faire des études, de partir comme cela à deux cents kilomètres d'ici pour ta formation. Tu es bien comme ça, tu vas te créer des problèmes inutiles..."

«Tu ne crois pas que tu devrais arrêter de...»»

«Le terrorisme relationnel le plus terrible s'installe quand chacun tente de remplir son propre vide avec les manques de l'autre.»

«La seule réponse désaliénante au terrorisme relationnel semble être de s'autodéfinir sans relâche, tout en reconnaissant la demande ou le sentiment de l'autre.»

LES MEURTRES PSYCHOLOGIQUES

Il existe des meurtres psychologiques, mais bien qu'ils détruisent moralement la personne, ils demeurent la plupart du temps impunis.

Ainsi, une femme qui se sent bafouée par le départ de son mari avec une autre peut utiliser ses enfants en accusant son mari d'attouchements ou de sévices sexuels. La femme accuse, le mari nie, les enfants sont déchirés, la justice tranche parfois. Mais quelle que soit l'issue, les dégâts sont immenses. Si le père est blanchi de l'accusation, on dit qu'il ne s'est rien passé ! Chacun repart, soi-disant libre ! Personne ne s'inquiète des conséquences ! Cependant, il y a eu abus. Inciter un enfant à accuser injustement un parent est terrible. L'utiliser comme une arme pour blesser son ancien conjoint ou éliminer celui-ci de la relation parentale est un meurtre psychologique. Il s'agit d'une forme de maltraitance grave, qui laisse des séquelles profondes chez l'homme, chez les enfants, et qui confronte la mère à sa propre folie destructrice.

J'ai rencontré de ces hommes. Leur témoignage est pathétique et leur vie reste un enfer pendant des années après les événements : « J'avais le sentiment de devenir fou de rage, je voulais détruire cette femme. Je ne pouvais admettre que ma fille croyait vraiment ce qu'elle disait devant l'assistante sociale, devant le juge… J'étais déchiré entre la tentation de hurler, de frapper et celle d'essayer de comprendre, avec un tout petit espoir : que la vérité éclaterait, qu'ils n'allaient pas me croire capable de ça, de seulement penser que je pouvais abuser de mes propres enfants ! La vérité a fini par éclater, indiqua cet homme, mais quelque chose avait durablement détruit ma vie ! »

Un autre d'ajouter : « Depuis la fin de cette histoire, ma fille se sent coupable. Elle ne sait plus quoi faire pour se faire pardonner. C'est insupportable, comme un acide qui continue ses dégâts et taraude notre relation. » Ces situations extrêmes, mais de plus en plus fréquentes (les avocats et les juges commencent à en témoigner), traduisent une inégalité entre l'homme et la femme, qui ne fait l'objet d'aucun ajustement. Tout se passe comme si la mère pouvait accuser impunément. Son unique risque est que ça ne marche pas… !

Il faut reconnaître que le parent accusateur a souvent lui-même été victime de sévices dans son enfance. Sa hantise est que son enfant connaisse le même sort. Dans ces circonstances, la mère ne ment pas toujours délibérément, son attitude ne relève pas d'une volonté de nuire mais plutôt d'un déplacement inconscient de son angoisse sur son enfant et, par contrecoup, sur son ancien conjoint : elle tente de régler avec cet homme-là ce qu'elle n'a pu régler, enfant, avec son père.

Il faut aussi souligner que certaines mères se réveillent, sortent de l'aveuglement et découvrent un jour l'insupportable, l'irréparable d'une relation incestueuse réelle entre leur mari et leur enfant, et qu'elles se débattent alors entre culpabilité et désespoir...

Mais même si les mères qui accusent sont souvent de bonne foi, elles devraient demeurer attentives, respectueuses et vigilantes, car il y a des mots qui tuent !

***

13- Questionner, interroger, faire intrusion ou irruption dans l'intimité de l'autre (ne pas respecter la bonne distance relationnelle).

Conséquences : fermeture ou débordement ; suscite des réponses en conserve ; ne permet pas de formuler l'interrogation qui est derrière la question.

14- Plaisanter, minimiser, ironiser (faire comme si le problème n'était pas important).

Conséquences : déplace le problème, détour.

Il y a un phénomène de vases communicants entre le monde du travail et celui de la famille. Tensions, frustrations, malaises dans le milieu professionnel, se traduisent souvent par des exigences, des contraintes, des intolérances envers les enfants ou le partenaire. Il est surprenant de constater combien nous transformons l'autre en "poubelle", en déversant sur lui nos insatisfactions ou nos attentes sous forme de plainte, de revendications ou de reproches. »

« Combien vont partir, quitter leur emploi avec le sentiment d'un immense gâchis, et l'amertume, le regret que l'entreprise n'ait pas prévu un temps de travail en commun, d'échange et de partage ? Un temps qui aurait permis à l'employé d'expérience de sensibiliser le nouveau venu, au-delà du savoir-faire, au savoir-être nécessaire à un savoir-créer et un savoir-produire de qualité associés à des exigences, à de la rigueur et à de la cohérence ?

Avoir exercé un métier pendant plus d'un tiers de siècle, tenu un poste, avoir été responsable d'une tâche, avoir su intégrer une pratique débouchant sur une philosophie de vie professionnelle, tout cela devrait faire que les instances dirigeantes aient le souci de préserver un tel capital humain !

Aujourd'hui, il est rare, de plus en plus rare, que l'on tienne compte de tous ces aspects dans le monde du travail. On remplace, on jette, on élimine, on dégraisse, on licencie, on met en préretraite et la sève vivante d'une entreprise s'écoule, inutilisée, pour parfois se perdre à jamais. »

LA RETRAITE

« Depuis que j'ai pris ma retraite, me dit ma voisine, j'entends souvent sur un ton faussement joyeux : "Alors, la jeune retraitée, comment vas-tu ?" Cette phrase me choque, m'irrite et me donne envie d'agresser mon interlocuteur qui se croit bienveillant à mon égard. Ce mot de "retraitée" ne résonne pas bien en moi ! Retraitée dans quoi ? On parle d'uranium retraité ou d'une huile de moteur usée qui sera retraitée pour un autre usage !

Il est vrai que j'ai quitté l'enseignement après 35 ans de service. Je ne pars plus, cinq jours par semaine, vers l'école. Je n'ai plus de préparations de cours, de devoirs à corriger, de réunions auxquelles participer. Je dispose de mon temps à plein temps ! Enfin, je croyais en disposer, car pour l'instant je ne le vois pas. De façon étonnante, depuis que je n'exerce plus ma profession, je ne vois pas passer le temps. Il se dérobe. À peine suis-je levée, c'est déjà le soir, ma journée s'est écoulée en un clin d'œil. Elle s'est éparpillée en mille gestes, en une multitude de petits actes sans consistance, sans résultats visibles. Comme si je maintenais à flot le bateau de ma vie, sans que pour autant il avance ou se déplace vers un but. Ma vie n'a plus de direction, ou plutôt, je n'ai pas trouvé la nouvelle direction de mon existence.

Avant d'être à la retraite, je croyais que je pourrais faire plein de choses. Tout ce dont j'avais rêvé sans pouvoir le réaliser : m'occuper du jardin, lire, apprendre à jouer d'un instrument de musique, me réconcilier avec l'anglais et bien d'autres projets. Je pensais que j'allais enfin pouvoir vivre et réaliser tous les projets que j'avais mis en jachère durant des années. J'ai toujours ces projets, mais c'est curieux, ils ne se traduisent pas encore en actes, ils restent à l'état d'intentionnalité paresseuse, dans les limbes...

Par contre, je découvre que le plus important, c'est de me retrouver moi, de me relier à ma propre personne. Au fond, c'est elle que j'avais négligée durant toutes ces années consacrées aux autres. C'est moi que je dois réapprivoiser, découvrir et recharger d'énergie... »

J'imagine tout à fait le cheminement nouveau de cette ancienne enseignante, qui prend conscience qu'elle a besoin de vivre dans l'être plus que dans le faire. Je pense aussi à tout ce qu'elle pourra s'offrir et recevoir lorsqu'elle aura pu enfin se rencontrer et s'apprécier pleinement.

***

VALEUR

« Une valeur ne peut se transmettre que si elle s'incarne dans la réalité qui nous entoure ; nous semblons la découvrir avec étonnement, quand elle est vivifiée par une mise en pratique au quotidien. »

« Quand je songe aux valeurs que j'ai transmises ou que j'ai voulu transmettre à mes enfants, je retrouve les références et les points de repère qui guident ma vie : exigence d'une justice plus juste, protection de la beauté, capacité de compassion, ouverte non seulement à mes proches mais à ceux que j'aurais la tentation de juger ou de rejeter, devoir de vigilance, pour ne pas me laisser abuser par le conditionnement subtil des *mass media* ou me laisser entraîner par des idéologies trop coupées du réel, devoir de conscientisation afin d'accéder au sens de mes conduites et de mes comportements, nécessité d'un travail sur moi-même, non seulement pour nettoyer ma "tuyauterie relationnelle", mais aussi pour pouvoir me réconcilier avec mon passé, mon histoire personnelle et familiale.

Je veille à inscrire, à actualiser et à vivifier chacune de ces valeurs dans ma vie quotidienne, afin de les maintenir dans mon projet de vie de façon qu'elles gardent une énergie capable de toucher mes enfants, mes proches, mon entourage… Mais il arrive parfois que ma vigilance soit en défaut, que je me laisse surprendre et même déloger de mes valeurs par l'aspect imprévisible d'une situation ou d'un événement. Cela me renvoie à ma propre cohérence et vulnérabilité – j'ai envie de dire à mon humanitude.

Pour pouvoir cultiver des valeurs, encore faut-il avoir déterminé celles dans lesquelles nous nous reconnaissons. Il est possible de rester fidèle aux valeurs transmises dans l'enfance, il est aussi possible d'être rebelle et de s'en séparer, il est surtout possible de découvrir ses propres valeurs en s'interrogeant sur le sens donné à ses expériences de vie. »

« Je viens d'une famille modeste, euphémisme pudique pour ne pas dire très pauvre. Les valeurs sociales qui me furent inculquées étaient celles d'un milieu, d'un quartier, d'une époque. Elles concernaient l'ouvrage bien fait, le travail considéré comme rédempteur, l'argent mérité, la sexualité taboue, l'oisiveté condamnable, la nature superflue de la culture, le danger représenté par l'alcool, le bien en tant que distinct du mal, le geste juste, l'attitude modeste, le silence admis comme plus important que la parole, l'homme en bleu de travail, la femme à la cuisine et partout où il y a quelque chose à faire – et à faire il y avait !

D'autres valeurs, plus personnelles, plus intimes, plus profondes peut-être, me furent transmises par ma mère :

- le respect de l'autre : "Tu dois éviter de faire de la peine et de te moquer des plus démunis que toi."
- le respect de la propriété d'autrui : "Tu ne dois pas toucher, ni même penser à ce qui n'est pas à toi."
- la foi en un avenir meilleur : "Nous ne pouvons pas descendre plus bas ; un jour tout cela s'arrangera, j'en suis sûre. Le bon Dieu ne peut pas toujours contenter les riches !"
- le pouvoir salvateur des études : "Si tu travailles bien à l'école, tu ne seras plus un esclave devant le travail, acquérir un bon savoir est le seul moyen de devenir quelqu'un dans la vie !"
- la nécessité de rester digne, de se respecter, même dans les situations difficiles : "Tu ne dois pas t'abaisser à implorer. Veille à demander le moins possible."
- la valeur de l'engagement : "Si tu as dit oui, tu dois faire."
- la valeur de l'expérience : "Quand tu ne sais pas, essaie, regarde si cela est bon pour toi et pour ceux que tu aimes."
- le respect de la vie : "Tu es responsable de ta vie, ne violente pas celle des autres."
- la méfiance envers les notables et le refus d'imiter les riches, ceux qui s'en croient : "Ils peuvent être gentils quelquefois, il leur arrive même de paraître braves et bons, mais ne leur fais jamais totalement confiance, cela se retourne toujours un jour contre toi ! On ne mélange pas les torchons et les serviettes."
- la valeur de la discrétion, voire de l'anonymat : "Tu ne dois pas te faire remarquer, on a déjà suffisamment de soucis comme ça !"

Et il existait bien d'autres valeurs... Certaines sont par la suite devenues des croyances qui ont balisé mes premiers tâtonnements dans la vie et ont profondément marqué ma relation au monde. D'autres sont devenues caduques et j'ai dû en inventer ou en adopter de nouvelles. »

« À mon tour devenu parent, j'ai tenté de transmettre mes valeurs à mes enfants. Quand je parle aujourd'hui avec eux, il m'est difficile de reconnaître ce que je leur ai apporté dans ce domaine. Ce serait à eux de me le dire. Je crois cependant leur avoir transmis un amour et un respect de la vie sous toutes ses formes, un code moral s'appuyant sur la tolérance, l'ouverture, la responsabilisation, la curiosité, le goût de la beauté. Il m'arrive de penser que c'est peu... »

UNE RÉACTION ANORMALE?

Une amie me raconte que récemment elle a trouvé une carte de crédit dans l'immense hall d'entrée de l'hypermarché de son quartier. « Je suis allée la rapporter à l'accueil. L'hôtesse m'a semblé abasourdie. Elle me regardait, jetait un regard sur la carte et s'écriait "Oh là là ! Oh là là ! Il faut aller au poste de sécurité madame !" Là, poursuit l'amie, même regard stupéfait du préposé à la sécurité, un homme robuste à l'air pas commode. Il n'en croyait pas ses yeux. Pas que j'aie trouvé une carte de crédit, une carte internationale, Gold, quelque chose comme ça, en plus !, mais que je l'aie rapportée... "Oh là là !" a-t-il dit, lui aussi.

Les deux personnes qui travaillaient avec lui me dévisageaient curieusement. J'ai même eu une pensée malsaine : "Ils vont la garder pour eux !" Je leur ai alors demandé s'ils allaient l'enregistrer sur un cahier. " Bien sûr madame. Décidément, c'est le jour ! ont-ils répondu. Regardez, on nous a ramené ça aujourd'hui." Et ils me montrent un portefeuille noir, trouvé et rapporté avec de l'argent dedans, deux cents euros !

"Vous savez, ajouta l'un, vous n'avez pas eu une réaction normale ! La plupart des gens préfèrent garder ce qu'ils trouvent. C'est bien, il en faudrait beaucoup comme vous !"

"Pardon ? Il faudrait beaucoup... d'anormaux ?"

"Je veux dire des personnes qui ne font pas comme tout le monde, qui ne s'en foutent pas, qui pensent un peu aux autres."

Je découvre ainsi qu'une des anomalies de notre époque, comme me disait cette amie en riant, est de penser aux autres ! En l'écoutant, je me suis souvenu d'un reportage que j'avais vu sur le Bureau des objets trouvés d'une ville moyenne, dont les services devaient se débarrasser, en un temps assez bref, de tous les objets non récupérés qui encombraient leurs locaux. En fait, la plupart des gens qui ont perdu ces objets ne vont pas les réclamer, certainement parce qu'ils imaginent que les gens normaux estiment légitime de garder ce qu'ils trouvent et ne vont pas les déposer !

Curieuse époque où il paraît normal de ne penser qu'à soi, de profiter de toutes les occasions offertes par le hasard pour oublier qu'une société en paix avec elle-même est aussi fondée sur l'entraide et le service.

***

VIOLENCE

violence

«La violence est le langage de la peur, du désarroi, de l'impuissance, non de la puissance comme on le croit trop souvent.»

Aux sources de la violence

«Avoir le courage de nous confronter aux sources de notre violence intime, c'est-à-dire à la façon dont nous avons été élevés, éduqués, conditionnés, pouvoir remettre en cause des habitudes de vie et des certitudes, des croyances concernant notre propre développement et changement, me paraît constituer une activité à temps plein.»

«La violence visible est souvent un langage. Un langage-réponse à la détresse, à la peur, à des humiliations passées ou présentes, qui tente de crier l'insupportable, de dire l'indicible.»

«Au-delà des violences visibles, reconnaissables par chacun, des violences invisibles, plus subtiles, plus perverses traversent nos existences. Elles sont entretenues par nos aveuglements, nos surdités, et surtout nos silences.»

«Je crois qu'on ne dira jamais assez que les modèles relationnels proposés par la famille, l'école, le monde du travail, si je m'en tiens à ces trois références de la vie, sont pour la plupart toxiques, au sens où non seulement ils ne favorisent pas l'éveil, la croissance, le développement personnel de chaque être humain, mais où ils se révèlent porteurs de toutes les conditions propres à entretenir et à nourrir la violence et l'autoviolence. Il appartient donc à chacun de se mobiliser pour tenter d'adhérer à d'autres modèles relationnels ou pour en inventer de nouveaux afin de développer des communications non violentes.»

« Dans l'intimité de certains couples, le viol conjugal reste très fréquent. Quelque 25 % des femmes mariées, dit-on, subissent ou "acceptent" des relations sexuelles imposées par leur conjoint. La banalisation de ce type d'agression a pour origine non seulement des rapports de force opaques et faussés entre hommes et femmes, mais aussi un conditionnement lié à des modèles culturels véhiculés et imposés par l'éducation, la publicité, les films.

La prédominance et la persistance des modalités qui caractérisent le mode antirelationnel des échanges dans notre société se trouvent à la base de ce type de violence. Trop souvent, nous engageons des rapports et avons des conduites fondés sur des injonctions, des dévalorisations, de la culpabilisation, parfois même du chantage et des menaces. L'issue en est des relations ambivalentes et des rapports de force de type dominant/dominé. Tant que la famille, l'école et la société entretiendront de telles modalités relationnelles, les rapports dominant/dominé perdureront et seront même perçus par certains comme légitimes. »

« Une violence endémique se répand dans toutes les couches sociales. Elle a pour base la dérision, la disqualification et surtout des relations dominant-dominé induisant des rapports de force sans garde-fou ni balise, et qui échappent aux regards et à l'influence des adultes. Dans les cours des collèges et des lycées, les mots n'ont plus vocation de permettre l'échange, de favoriser la mise en commun, mais ils sont utilisés comme des coups, pour blesser, humilier, rejeter. »

« L'autoviolence est très répandue dans notre société qui valorise pourtant le corps et tente de retarder les effets du vieillissement en proposant des molécules et des pilules de mieux-être. Mais le malaise est grand, au-delà des incidents et des péripéties qui surgissent dans la vie de chacun. De plus en plus d'hommes et de femmes connaissent l'usure, le découragement voire la dépression, et démissionnent. Leur mal-être ou leur mal de vivre se traduit à l'occasion par la fuite dans l'alcool ou la drogue. Ils combattent tout cela avec plus ou moins de succès, par des anxiolytiques, des antidépresseurs, des cures, mais il faudrait plus : il faudrait qu'ils redonnent du sens à leur vie. »

« Celui qui nous agresse veut surtout être entendu, il réclame justice par rapport à un sentiment d'humiliation, d'impuissance, de trahison, que notre conduite a soudainement éveillé en lui.

L'agressivité physique est plus difficile à gérer, car elle est fonction de l'intention (ou de l'absence d'intention) de l'agresseur de nuire, de faire mal, de violenter, autant que de notre peur. Trouver la bonne distance, prendre le risque de dire ce que nous ressentons, inviter l'agresseur à changer de mode d'expression et à retrouver des mots pour exprimer ce qu'il ressent ou ce qu'il a vécu, lui, peut aider… parfois ! »

« La question de la violence que chacun porte en soi et qui s'exprime parfois par des coups reste une interrogation centrale pour tous ceux qui s'intéressent aux relations humaines et croient en l'harmonie et en une possible réciprocité entre les êtres, dans le partage du meilleur de soi et de l'autre. »

« L'amour est susceptible de créer une bulle d'intimité et peut-être de protection au milieu de la violence la plus violente. Il est un des antidotes non pas les plus efficaces, mais certainement les plus durables à la violence. »

La violence chez les jeunes

«Pour beaucoup d'enfants d'aujourd'hui, les tentatives d'échange ne se font pas sur le mode du partage ou de la mise en commun par réciprocité, mais par des affirmations brutales, des disqualifications de l'apport de l'autre, des généralisations aveugles et des commentaires réducteurs qui laissent peu d'espace à des partages de points de vue, à de vraies discussions et à des confrontations mutuelles qui sont les fondements de la communication.»

«Tout acte de violence n'est pas nécessairement la résultante d'une haine. C'est parfois l'accumulation d'une succession d'injustices, d'humiliations, de trahisons qui débouchent sur l'impuissance, sur le désespoir ou sur la révolte.

Chez certains adolescents viennent s'ajouter l'impression douloureuse, le sentiment oppressant que leur avenir est fermé, bouché, que demain ne sera pas plus juste qu'aujourd'hui, que leur horizon futur est aussi vide que l'espace dans lequel ils survivent au présent. Je pense ici aux jeunes des grandes cités qui ceinturent les métropoles de mon pays et de bien d'autres. Pour beaucoup, tout se passe comme si le rêve ne pouvait pas s'incarner dans un projet, s'inscrire dans une réalisation.»

«Le respect recherché par beaucoup de jeunes relève surtout d'une demande de reconnaissance. Il est vrai que cette demande est souvent maladroite, excessive dans son expression, disproportionnée dans ses exigences, dérangeante et inquiétante dans ses manifestations les plus banales… Aussi déclenchera-t-elle le plus souvent du rejet, des jugements de valeur insupportables et une non-reconnaissance de la part des adultes. Si tel est le cas, les jeunes, n'obtenant pas la reconnaissance des pères, vont rechercher celle des pairs. Cela, au travers de conduites atypiques, provocatrices, agressives, destructives, trop excessives pour être reçues et entendues. En retournant parfois la violence contre eux-mêmes, ces adolescents-là confirment leur statut d'êtres à part, indomptables, non soumis, ce qui entretient le cycle de l'incompréhension.

Je rappelle que parmi nos besoins relationnels fondamentaux, outre le besoin de se dire, d'être entendu et valorisé, celui d'être reconnu est central.»

« EXPLOSER ! »

Un ami m'a raconté : « Je venais de rentrer du travail, les enfants étaient déjà à table, j'embrasse chacun, et ma femme en dernier qui détourne la tête. Je me lave les mains au robinet de la cuisine pour rester avec eux et tenter de rattraper un peu mon retard, quand elle lève la soupière très haut, la lâche : celle-ci explose dans un bruit de tonnerre ! Ma femme, comme stimulée par le bruit, balaie d'un revers de main tout ce qui est sur la table. Je fais sortir les enfants de la cuisine, je m'approche d'elle, je reçois des coups de casserole. Ce n'est que lorsque tout est cassé dans la cuisine qu'elle s'assied et se met à pleurer. Ce fut le début d'un cataclysme conjugal et familial qui dura plus d'un an. À partir de là, tout devint un problème… »

Exploser de cette manière est généralement un signal, un appel, l'expression d'un trop-plein de frustrations, d'un ras-le-bol d'insatisfactions, d'incompréhensions et de malentendus accumulés. Quelqu'un me racontait comment il avait explosé dans le bureau de son chef de service : « Je me suis levé, je me suis mis à danser autour de son bureau une sorte de danse du scalp, avec des cris et un langage fait de borborygmes et de hurlements. Mon patron était affolé. À la fin, malgré mon retour au calme, il a appelé le SAMU (Service mobile des urgences). Il pensait que j'étais devenu fou ! Tout cela m'a fait beaucoup de bien ! Comme si je lâchais quelque chose d'étranger à moi-même qui m'habitait depuis trop longtemps. »

Le mot « exploser » recouvre un ensemble de comportements susceptibles de fonctionner comme une soupape de sécurité quand la tension est trop grande au sein d'une relation proche ou significative. Cela peut suffire à décongestionner une situation douloureuse.

Parfois, au contraire, l'explosion est une porte ouverte à des excès plus graves : « Quand elle m'a dit qu'elle voulait divorcer, j'ai ouvert son sac à main, j'ai pris ses papiers, ses clés de voiture, celles de l'appartement, et je suis parti en l'enfermant. Nous étions au 6e étage. J'ai pris ma voiture, j'ai roulé à 180 km/h et je me suis réveillé à l'hôpital avec le bassin fracassé. Entre-temps elle avait appelé les pompiers pour aller dormir chez sa mère ! Avec le recul, je crois qu'avec mon accident, j'ai voulu l'immobiliser, elle, l'empêcher de partir en me paralysant. »

Exploser dans un embouteillage, dans les gradins d'un stade, dans un magasin risque d'être un exutoire qui n'est pas toujours salvateur, mais annonciateur d'enjeux qui seront à clarifier par la suite.

Entendue comme un avertissement par les protagonistes d'une relation, l'« explosion » de l'un d'eux peut marquer le commencement d'un réaménagement, d'une remise en cause, d'un changement du système relationnel… défaillant !

***

VIVANCE

vivance

Vis comme si le paradis était sur terre

« Travaille, comme si tu n'avais pas besoin d'argent
Aime, comme si personne ne t'avait jamais fait souffrir
Danse, comme si personne ne te regardait
Chante, comme si personne ne t'écoutait
Vis, comme si le paradis était sur terre
Ne te contente pas de rêver à un monde meilleur, commence à le bâtir
Adresse ce message à tes amis
Si tu ne l'envoies pas, il ne se passera rien du tout
Si tu l'envoies, quelqu'un pourra sourire,
s'interroger en le lisant, et oser rêver à un monde meilleur
Et peut-être, pourquoi pas, commencer à changer pour le construire… »

ANONYME CONTEMPORAIN,
avec quelques ajouts

«Il nous faut ajouter de la vivance à la vie, cet élan nourrissant, porteur de créativité !»

La vie n'est pas parfaite

«La mort brutale d'un ami, celle d'un proche nous fait soudain prendre conscience de la fragilité de la vie. Une vie n'est pas seulement vulnérable, elle peut aussi être brisée et s'avérer irréparable à jamais. C'est d'ailleurs cette fragilité de l'existence qui la rend précieuse et recherchée au moment où elle se dérobe. La vie mérite d'être protégée, honorée, respectée. Elle mérite d'être vécue à temps plein, à pleine vie, avec enthousiasme, tendresse et amour.»

«Je ne crois plus à un monde parfait ni aux lendemains qui chantent pour tous, mais je crois encore en mon pouvoir d'en construire un petit bout ; en fait, je crois pouvoir réveiller chez ceux que j'aime un peu de cette possibilité d'exister autrement...»

«Je sais que, chaque année, quelque 30 000 espèces végétales et animales disparaissent de la surface de notre terre. Je pressens que chacune, depuis les débuts de la création, avait un rôle à jouer dans l'équilibre des jours. Que chacun de ces insectes, de ces plantes, de ces radicelles, participait à sa façon non seulement à l'épanouissement mais aussi à la *vivance* de la vie, à l'agencement mystérieux d'un ordre dans lequel nous, les humains, avons une place. Une place particulière, mais pas nécessairement toute la place, ni celle que nous avons prise en envahissant l'espace et la place des autres. Avec ce génocide quasi permanent, silencieux, répétitif, nous traçons une route dont la destination nous échappe mais sur le chemin de laquelle nous sommes engagés – la plupart d'entre nous, malgré nous.»

«J'admire tous ceux qui entretiennent les forces de l'amour et qui participent au renouvellement de la vie sur la terre. J'ai acquis la conviction que l'essentiel aujourd'hui ne se situe pas au niveau du bien et du mal, de ce qu'il faut faire ou ne pas faire. L'enjeu est autrement plus vital, il se résume plutôt à la question essentielle de la mort ou de la vie. J'aime tous ceux qui m'aident et m'encouragent à supporter le gris de la vie et à aimer même un jour de pluie comme aujourd'hui, simplement en me faisant découvrir l'air qui me vivifie d'une façon telle que je ne l'avais jamais vu, le ciel qui danse, le feu qui réchauffe. Ceux qui me permettent de découvrir un objet tel qu'une poignée de porte qui ouvre sur plus de liberté d'être.

Depuis quelque temps, chaque soir, devant ma télévision fermée, j'essaie de trouver, de rassembler, de visualiser tous les événements positifs de ma journée pour inscrire en moi de la vitalité, une trace plus énergétigène, et pouvoir alors m'endormir avec le sentiment que la vie vaut quand même la peine d'être vécue. »

Au cœur de la vie : nos relations

« Il faut comprendre que la vie n'est faite que de rencontres et de séparations qui sont autant de naissances possibles pouvant nous projeter dans un nouvel univers relationnel. »

« Mon travail le plus essentiel a consisté, durant des années, à inviter chacun non seulement à se respecter, à veiller à la qualité de ses relations, mais aussi à faire en sorte de ne pas envahir l'espace vital de l'autre : c'est ainsi que la vie que chacun porte en soi sera le mieux vivifiée. »

Ajouter de la vivance à la vie

«Chaque jour, me réveiller avec le projet d'ajouter un peu plus de vivance à ma vie pour la pousser plus loin, pour l'agrandir encore un peu.»

«La vie ne s'invente pas, elle se gagne!»

«Notre vie est sans cesse traversée d'interrogations et de questionnements divers, parsemée de découvertes et de doutes. Tour à tour vouée à l'émerveillement et au découragement suscités par des rencontres, blessée ou stimulée de nouveau par des séparations ou des pertes, nourrie enfin par tout l'humus de l'existence grâce auquel nous pouvons faire face, nous tenir debout et ainsi construire notre quotidien.

Je crois qu'il nous appartient, ce faisant, d'accueillir, de protéger et d'agrandir la parcelle de vie que nous avons reçue. Parcelle de vie unique, qui fut déposée au moment de notre conception, puis bercée et nourrie durant le temps de la gestation, enfin proposée au monde et à l'ensemble de l'univers au moment de la naissance. Puis développée, enrichie tout au long de l'existence, pour être restituée plus pleinement au moment du passage dans l'au-delà.

Voilà ce que je considère comme le sens de ma vie: donner plus de vie à la vie.»

«Il me semble que le sens profond de notre passage sur terre consiste non seulement à préserver la vie que nous avons reçue en dépôt, mais aussi à l'agrandir et à l'embellir pour laisser à l'univers plus de vie qu'il ne nous en a donné au moment même de notre conception.»

« J'appelle "vivance" cet élan de vie, ce rayonnement, cette lumière intime qui nous habite et qui émane de nous à certains moments de notre vie. C'est la vivance qui nous fait mieux ressentir nos émotions, nos sentiments, l'enthousiasme qui nous traverse dans la rencontre du beau et du bon. »

« La vivance est semblable à une source qui va irriguer et fertiliser non seulement notre corps et notre esprit, mais qui va renforcer la confiance que nous avons en nous et donc stimuler nos relations proches ou nous réconcilier avec notre entourage. »

« Quand nous sommes en présence d'une personne qui a de la vivance en elle, nous sommes touchés, comme irradiés par des vibrations subtiles venant de son être. Cela donne le sentiment que nous sommes dans une vraie rencontre, le sentiment d'être plus vivants, plus présents à l'instant, plus denses et parfois plus créatifs. »

« Dans un échange avec des amis, j'ai entendu l'un d'eux poser cette double question : "Sommes-nous les invités de la vie ? Ou allons-nous accepter d'inviter la vie en nous ?" Pour ma part, je choisis de ne pas obéir à cette alternative. La vie nous invite vraisemblablement tous les jours à participer à sa générosité, à oser profiter de son abondance, mais peut-être attend-elle aussi que nous puissions l'inviter, l'accueillir, la protéger, l'aimer avec le meilleur de nous-mêmes afin de la vivifier et de la prolonger tout au long de notre existence dans l'infinitude de l'univers. Quand une de mes filles me demanda un jour "Comment un miracle peut-il arriver ?", je lui ai répondu "Si nous savons l'accueillir". Je voulais dire par là que si nous sommes ouverts, réceptifs, sensibles aux millions de signaux qui traversent notre existence, nous pouvons alors percevoir et donner du sens à une infinité de messages que nous pourrons intégrer à notre vie. »

« Donner du sens à notre vie ne consiste pas seulement à nous interroger sur la finalité de notre passage sur terre, mais suppose avant tout que l'un de nos besoins vitaux soit rempli : nous devons sentir que nous avons une valeur, une place reconnue par les autres, une signification positive et structurante pour les personnes qui nous entourent. Au-delà de la confiance, du respect, de la bienveillance que nous pouvons éprouver, nous devons sentir que nous appartenons à un ensemble, que nous sommes partie prenante d'un tout, que nous comptons pour les autres. »

La saveur de la vie

« Ce matin, la vie chante en moi, sereine et pleine, stimulante et nourricière. »

« Une forme de générosité consisterait à s'émerveiller du cadeau que représente le seul fait d'exister à chaque instant de la vie. »

« La sensualité est la saveur de la vie, elle est le privilège de ceux qui cultivent le goût du bonheur, cette aptitude à vivre la plénitude quand elle se présente et s'offre, c'est-à-dire dans des instants fugaces qui sont les épices du quotidien. Des petits moments fragiles où nous vivons vraiment l'instant, dans un éphémère qui rencontre notre étonnement et notre réceptivité. »

« Vivre est un plaisir qu'il n'est pas nécessaire de maltraiter à temps plein. »

« Si je vois la vie comme une possibilité d'enseignement et de découverte de moi-même, elle devient fascinante à travers même des souffrances qui la jalonnent et des subtiles métamorphoses de la maturation. »

« La Vie, que nous avons reçue en cadeau à notre conception, est bien plus que ce que nous pouvons en appréhender avec nos cinq sens, nos ressources physiques, notre intelligence, notre sensibilité et notre intuition. La Vie est un immense réservoir de possibles, sans cesse renouvelés, non seulement par des stimulations de toutes sortes et par des rencontres, mais aussi par des matériaux qui ne demandent qu'à être rassemblés, rapprochés, reliés pour devenir des créations. »

« La vie est toujours en devenir, mais il ne faut jamais oublier de la vivre au présent. »

Règle de vie

Soyez les poètes de votre vie.
Osez chaque jour mettre du bleu à votre regard,
de l'orange au bout de vos doigts,
un sourire dans votre écoute et surtout,
surtout, de la tendresse
dans chacun de vos gestes.

IL EST VIVANT !

C'est sur un coup de cœur que j'avais acheté un nouveau bonsaï. Depuis plusieurs années, j'avais la nostalgie d'un premier bonsaï âgé de 120 ans que j'avais gardé durant plus de 20 ans. C'était un érable du Japon, beau comme une sculpture, une merveille d'équilibre, une joie permanente pour les yeux, un ancrage tourné vers le divin, une présence forte. C'est devant lui que je méditais quotidiennement. Je l'appelais « le Vénérable », car il me semblait plein de sagesse et de bonté. Et puis, à l'occasion d'un déménagement, bien que transporté avec beaucoup de soin dans ma voiture, il a commencé à dépérir. Je soupçonne les courants d'air produits par une vitesse excessive sur l'autoroute qui me conduisait vers le midi de mes rêves ! Une langueur étrange le saisit, son feuillage se raréfia, la sève déserta son tronc, n'alimenta plus ni ses bras ni sa tête. Il est mort silencieusement, comme il avait vécu.

Durant 20 autres années, je ne l'ai pas remplacé. Puis, un jour, dans une fête du livre, j'ai vu son successeur traînant sur un stand, attirant tous les regards : un orme de Chine aux feuilles frissonnantes, au tronc puissant vivifiant quatre branches solides et hardies qui en faisaient un compagnon fiable. Je l'ai adopté au premier coup d'œil, pressant le responsable du stand de me le céder. Il ne le souhaitait pas, refusant de laisser son arbre en des mains trop incertaines : « La plupart des gens achètent un bonsaï non par amour mais par curiosité, m'a-t-il dit. Vous l'aimerez au moins ? »

Nous nous sommes apprivoisés l'un l'autre, lui peut-être plus que moi, car j'ai eu du mal à trouver, dans ma maison, l'emplacement idéal pour lui : ni trop de soleil, ni pas assez, à l'abri des courants d'air, du bruit, des mouvements trop brusques, mais cependant suffisamment proche car je souhaitais pouvoir lui parler, lui sourire, partager avec lui quelques moments forts d'un quotidien souvent très encombré...

Puis un matin, au retour d'un voyage, j'ai découvert qu'il était devenu tout roux, feuilles séchées, recroquevillées sur elles-mêmes, branches squelettiques, dévitalisées, avec toute l'apparence d'être, sinon mort, du moins à l'agonie. Une amie de passage proposa de le prendre en pension. Je pensais que c'était inutile, j'ai accepté. Mais à l'intérieur de moi, j'avais renoncé, démissionnant de cette relation trop frustrante. Un mois plus tard, je recevais cette lettre :

« Il est vivant, tu sais, il est vivant, il est bien vivant ! C'est une petite tache verte posée sur la branche brune qui m'a interpellée... J'ai cru qu'il s'agissait d'abord d'une aile d'éphémère ou d'un minuscule puceron. Hésitante, prudente, tant je ne voulais pas m'illusionner, tant j'étais en attente du moindre signe de vie, j'ai posé sur mon nez une seconde paire de lunettes, j'ai même pris une petite loupe... et j'ai vu, je l'ai vu ! Pas de doute, c'est bien un petit bout de feuille, une vraie, toute chiffonnée, toute naissante de sève neuve. Oui, oui, oui ! Et voici une autre tache verte, à peine un point de couleur, comme une éclaboussure infime de vert, égarée sur le tronc noirci. La loupe le confirme, c'est un bourgeon qui se fissure, c'est bien la vie, c'est gagné ! ton bonsaï, ce vieil orme, est vivant !

La joie m'a fait taper des mains comme une enfant, m'accroupir près de lui, rire de plaisir, le caresser du regard et accepter l'émotion qui m'a mis les larmes aux yeux, me faisant découvrir le lien particulier que j'ai avec cet arbre. Cela faisait 26 jours que j'attendais, que j'espérais qu'il ne soit pas malade, que je lui parlais, le vaporisais, que j'essayais de lui transmettre de l'énergie. Je ne pouvais accepter l'idée, qui devenait de plus en plus prégnante au fil des jours, devant la nudité terne des branches, la ramure figée comme sur une vision d'hiver faite de froidure, de grisaille et de tristesse, qu'il pouvait mourir.

J'avais taillé les extrémités dépouillées, raccourci les branchettes desséchées, enlevé chaque cochenille une à une, ainsi que celles qui s'étaient agglutinées et avaient formé des boursouflures rouges, sangsues malfaisantes qui l'avaient terrassé, lui l'ancien, le plus que vénérable. Délicatement, d'un petit coup d'ongle, en m'excusant chaque fois, j'avais souvent écorché le tronc, les branches maîtresses, les petits rameaux, recherchant dans l'infime blessure la marque encourageante qui me laisserait espérer, malgré l'apparence extérieure, que la vie était encore là, présente à l'intérieur. Je lui disais : "Je veux que tu vives !"

Hier matin encore, j'étais dans le doute, je l'avais sorti sur le balcon, le temps étant orageux, pour permettre à la pluie de venir le câliner, l'humidifier un peu. Avant-hier, je lui avais dit : "Pousse, pousse, quelqu'un t'attend." J'avais bien remarqué une différence dans les bourgeons, qui m'avaient paru plus apparents, plus renflés, mais j'avais pensé que c'était mon imagination (ou plutôt mon désir qu'il vive...) qui me jouait un tour. Aujourd'hui c'est bien vrai : la vie est là. La sève remonte, prend toute sa place.

Demain, après-demain il va reverdir en entier, retrouver sa parure, son port superbe, ses feuilles dentelées, sa belle prestance, sa bonne santé. Quand il sera beau, ragaillardi, à nouveau tout feuillu et fringant, il reviendra vers toi... »

Ainsi, sans désespérer, avec ténacité et passion, en offrant chaque jour des soins privilégiés à un arbre centenaire, cette amie a maintenu la vie vivante, à l'endroit même où j'avais renoncé, découragé... La vie, la vie ardente me surprend chaque fois par sa vitalité.

***

REMERCIEMENTS

À Pierre,

qui, avec sa sensibilité

a su entendre

mon souhait vivant...

Mes remerciements les plus chers.

Aux belles personnes qui l'accompagnent :
Plein de vie !

Jacques Salomé

TABLE DES MATIÈRES

Achevé d'imprimer au Canada